ONZE TESES DE BIOÉTICA

STEFANO SEMPLICI

ONZE TESES DE BIOÉTICA

DIREÇÃO EDITORIAL:
Marcelo C. Araújo

COMISSÃO EDITORIAL:
Avelino Grassi
Edvaldo Araújo
Márcio Fabri dos Anjos

TRADUÇÃO:
Antônio Bicarato

COPIDESQUE:
Ana Aline Guedes da Fonseca de Brito Batista

REVISÃO:
Camila Pereira Ferrete

DIAGRAMAÇÃO:
Érico Leon Amorina

CAPA:
Alfredo Castillo

Título original: *Undici Tesi di Bioetica*
© Editrice Morcelliana, 2009
Via Gabriele Rosa 71 – 25121 Brescia
ISBN 978-88-372-2335-9

Rua Diana, 592
Cj. 121 - Perdizes
05019-000 - São Paulo - SP
(11) 3675-1319 (11) 3862-4831
Televendas: 0800 777 6004
www.ideiaseletras.com.br

Dados Internacionais de Catalogação na Publicação (CIP)
(Câmara Brasileira do Livro, SP, Brasil)

Semplici, Stefano
Onze teses de bioética / Stefano Semplici;
[tradução: Antônio Bicarato] - São Paulo, SP:
Ideias & Letras, 2012. (Coleção bio &ética)

Título original: *Undici tesi di bioetica*.
ISBN 978-85-65893-03-9

1. Bioética I. Título. II. Série.

12-11096   CDD-174.957

Índices para catálogo sistemático:

1. Bioética 174.957

*A Pietro Scoppola,
que juntamente com a história, amava tanto a política
quanto a filosofia.
Todas frágeis e, por isso, humanas.*

SUMÁRIO

Preâmbulo 9

Primeira tese
Os questionamentos da bioética 11

Segunda tese
Nos "limites" do ser humano 19

Terceira tese
A dignidade do embrião 28

Quarta tese
O aborto 37

Quinta tese
A fecundação in vitro 46

Sexta tese
A eugenética 55

Sétima tese
A pesquisa e as células-tronco 63

Oitava tese
O direito de se deixar morrer 73

Nona tese
As disposições antecipadas 82

Décima tese
A biopolítica   91

Décima primeira tese
As leis de todos   100

Preâmbulo

Há pouco tempo publiquei um volume bem mais denso que este sobre questionamentos, conflitos e leis da bioética.* Meu objetivo era explicar a complexidade e a radicalidade das novas questões que envolvem o nascer e o morrer por meio do método que aprendi nos estudos filosóficos: uma análise rigorosa dos fatos; uma grande atenção à variedade e ao volume das diversas opiniões e dos valores que as sustentam; a serenidade de conclusões francas, exatamente num campo em que a ciência todos os dias propõe desafios simplesmente impensáveis até pouco tempo atrás. Talvez seja também por isso que mereci de algum amigo e leitor a crítica que depois encontrei na recensão, aliás, benévola, que "Civiltà Cattolica" dedicou ao livro em julho de 2009. Desejando pacientemente seguir o convite hegeliano de não procurar atalhos, de não cultivar as ilusões que o saber se concede e sair "soltando rojões", chega-se ao espaço de uma reflexão "não alardeada aos quatro ventos", mas paga-se o preço de uma exposição difícil, de uma prosa pouco "límpida e fluente".

Estou convencido de que as dificuldades residem, em grande parte, "na coisa" em si, e que de fato a bioética ainda se preste, menos que outras disciplinas, ao uso de um estilo simples e sem arestas. Sei bem, por outro lado, que não basta eliminar notas e referências bibliográficas para tirar a aspereza típica da linguagem dos afetos ao trabalho. Decidi, então,

---

* Nota do Editor: *Bioetica. Le domande, i Confliti, le Leggi.* Brescia, Morcelliana, 2007.

não reescrever o livro, mas elaborar outro diferente. Ou seja, continuando a remeter ao primeiro livro para uma articulação mais detalhada dos assuntos e das passagens conceituais mais difíceis, decidi resumir em onze teses o que penso sobre os capítulos mais importantes da bioética. Uma tese é uma afirmação e, portanto, com ela assume-se uma posição. Isso, aliás, faz com que seja necessária ao menos uma explicação das razões fundamentais das próprias escolhas com as quais nem todos podem concordar. É precisamente dessa maneira, porém, que mesmo uma tese reforça o conhecimento que, de outra forma, pareceria desmentir: a bioética requer a paciência da escuta recíproca mais que o zelo pelas verdades claras e conhecidas.

PRIMEIRA TESE

Os questionamentos da bioética

A bioética questiona-se a respeito da vida a partir dos valores, das linguagens e das tradições culturais e espirituais dos homens. A cada dia, o progresso desloca a fronteira daquilo que nos é permitido, enquanto crescem as diferenças e os conflitos sobre aquilo que queremos, que deveríamos fazer. Os questionamentos da bioética nascem da ciência, mas a ciência, sozinha, não é capaz de lhes dar as respostas. Até por isso, pensar diferente não significa pensar errado.

O oncologista Van Rensselaer Potter publicou, em 1971, um volume que dava à bioética o nome de "ponte para o futuro". Não foi, de modo algum, o primeiro a empregar esse termo. Menos ainda se pode dizer que só então a medicina, a filosofia e o direito descobriram o tema da responsabilidade dos homens perante a vida. Toda a vida. Já no final do século dezoito, também Kant questionava-se sobre nossos deveres em relação aos animais, que, entretanto, não reclamam direitos. Porém, há quarenta anos, os tempos se tornaram maduros para que em torno dessa responsabilidade se desenhassem os contornos de uma nova disciplina. Um punhado de problemas de grande impacto cultural, político e emotivo estava mudando, com resultados irreversíveis, o significado da natureza e o papel da técnica na definição do horizonte e dos limites da liberdade.

A bioética rege-se, desde suas origens, sobre dois pilares fundamentais. O primeiro é o *ecológico*. Depois da Segunda Guerra Mundial, a corrida atômica das grandes potências havia tornado concreta a possibilidade do aniquilamento total, de um mundo por milênios reduzido a deserto radioativo. Menos dramáticas, e todavia inevitáveis, apresentavam-se já as consequências do lado escuro do desenvolvimento econômico e industrial: o desfrute das reservas do planeta a proveito de poucos e acima da capacidade regenerativa da natureza. Essa era exatamente a perspectiva de Potter, que propunha uma constante colaboração entre a cultura humanística e a científica para preservar, inclusive para o bem das gerações futuras, o ambiente e as possibilidades de vida que gozamos.

O segundo pilar é o da relação entre a medicina e a *dignidade* do homem. Com um leque cada vez mais amplo de questões, o *Código de Nuremberg* inaugurara a longa série dos documentos por meio dos quais a comunidade científica e a comunidade dos povos têm tentado impedir que a natural aspiração ao conhecimento pudesse novamente ser deformada, como havia acontecido nas experiências do doutor Mengele, em Auschwitz, em prática sistemática da violência e do horror. Nos anos sessenta do século XX começavam a desenvolver potencialidades até então impensáveis, e que traziam consigo questionamentos difíceis, desde a possibilidade de dar início a uma nova vida em uma proveta até a de prolongar o próprio processo do morrer graças a máquinas sempre mais sofisticadas. Começava-se a perceber o perigo de que o saber e o poder da medicina pudessem "fugir de controle".

Aqueles que hoje se ocupam de bioética ocupam-se dela continuando a trabalhar com a consciência de que aquilo que aconteceu e acontece junto a essas fronteiras impõe um desafio decisivo e sem volta. Na linha de seu "fundador" inspiram-se quantos encaram esse desafio como disponibilidade do *homo sapiens* para tirar a roupagem de dominador e reconhecer-se parte de uma comunidade mais ampla, que inclua certamente os outros animais e, em seu horizonte último, os vegetais e tudo aquilo que faz de nosso planeta o único, entre todos os que conhecemos, tão rico de formas e cores. Os gregos usavam dois termos diferentes para designar a vida: *zoé* e *bíos*. Não se trata de sinônimos, embora muitas vezes valham como tais. O primeiro quase não é declinado no plural, ressaltando o significado e a força da vitalidade que atravessa e sustenta todos os seres vivos. Estes últimos são os indivíduos, os *bíos*, que um dia nasceram e um dia morrerão. Respeitar a *zoé* é o mesmo que respeitar cada *bíos*, mas cada *bíos* é possível somente tendo como fundo a "terra" à qual retornará para que outros indivíduos e outras vidas existam. Distinguem-se, assim, duas diferentes aproximações, ligadas, no final, pela questão prévia antropocêntrica, que reconhece o valor de referência de toda existência na vida humana: a bioética, pela qual se desenvolveram a tradição e as teorias dos "direitos dos animais", e a bioética cujos contornos confundem-se com a postura de uma "ecologia profunda", que recusa a aproximação instrumental da natureza em qualquer uma de suas formas. É em nome do valor intrínseco desta última que se pede o respeito pelos equilíbrios e processos dentro dos quais a nossa própria existência é gerada como elo de um fluxo ininterrupto de outra vida e matéria.

 A esfera mais importante de que se ocupa a bioética parece, entretanto, ser a do *bíos* do homem. Também nesse caso uma interpretação ampla não é somente possível, mas largamente praticada. Há um núcleo central de questões que dizem respeito ao início e ao fim da vida, e sobre as quais descarregam-se os efeitos mais explosivos das novas possibilidades da ciência: não mais apenas o aborto, mas também a fecundação assistida, a clonagem, as manipulações genéticas, a pesquisa sobre embriões; do mesmo modo que naquilo que poderíamos chamar de a outra extremidade da linha, o prolongamento artificial de uma existência que está suspensa entre a vida e a morte, quem sabe para garantir a possibilidade e a generosidade de um transplante. Uma segunda circunferência pode ser traçada ao redor das situações nas quais a dignidade que é posta em questão é a de uma pessoa com sua vontade, seus desejos e suas vulnerabilidades: é o campo exato da ética médica como aliança terapêutica e quando a finalidade não é diretamente a da cura de quem está sendo submetido a um tratamento, de delicadas questões, como a já citada experiência com seres humanos e a doação de órgãos entre vivos.

Há também autores para os quais a bioética inclui as mais diversas responsabilidades que derivam do surgimento de novas doenças como a Aids, de comportamentos prejudiciais à saúde, como o alcoolismo e a toxicodependência; dos novos estilos de vida e das necessidades que eles produzem como a cirurgia estética. E o horizonte pode enfim ampliar-se até abarcar demandas judiciais e escolhas de prioridades para a política, desde a assistência sanitária até o controle dos nascimentos. O artigo 14 da *Declaração universal sobre a bioética e os direitos do homem*, aprovada por aclamação pela Conferência geral da UNESCO em 2005, indica, por exemplo, a garantia de curas médicas de qualidade e de remédios indispensáveis como uma das finalidades fundamentais do progresso das ciências e da tecnologia, porque a saúde "é essencial à própria vida" e nela está em jogo "um dos direitos fundamentais de todo ser humano".

A liberdade e a vida. É claro que sem o desenvolvimento tumultuado das aplicações e das retomadas em escala planetária das conquistas da ciência da natureza e sem a ampliação exponencial do novo poder das ciências biomédicas oferecido ao homem sobre o homem, não existiria a bioética como hoje a conhecemos, com a notoriedade midiática de seus Comitês, a pervasividade de seus conflitos, o espaço cada vez maior que ela ganha nas estantes das livrarias e entre as próprias disciplinas acadêmicas. Mas a bioética provavelmente sequer existiria se não tivessem crescido ao mesmo tempo a experiência do pluralismo, a diferença entre as ideias do bem e os projetos de vida de indivíduos cada vez mais descrentes nos confrontos com toda autoridade ou pensamento "únicos". A bioética ganha espaço porque há novas situações a enfrentar e diferentes pontos de vista, muitas vezes opostos, para consegui-lo. O risco, como há pouco vimos, é que ela se torne o nome coletivo sob o qual se recolham, ou, de alguma forma, se interceptem, *todas* as consequências dessas transformações, *todos* os dilemas, os problemas e as hipóteses de solução que o progresso científico impõe à atenção daqueles que, sob diferentes títulos, se ocupam do valor da vida e do cuidado da saúde. Pode-se pôr ordem em um horizonte assim articulado e, quem sabe, carregado demais de solicitações?

    A particular importância, reconhecida por todos, dos problemas que dizem respeito à existência pré-natal e à dignidade do morrer, é indício de que é possível detalhar, dentro do contexto geral da responsabilidade do homem pela vida sob as fronteiras cada vez mais avançadas do progresso científico, o espaço de uma bioética "em sentido estrito". É o espaço exato dos questionamentos que nascem ali onde as fronteiras entre os diversos níveis do *bíos* são menos precisos, tornando-se, por isso, mais difícil estabelecer quais sejam os deveres. Reconhecemos uma preocupação *tipicamente* bioética quando nos encontramos *no limite* do humano, assim como *no limite* da medicina: não há pacientes, mas embriões e fetos; o doente já não pede para continuar a viver mas para morrer, porque qualquer cura se tornou inútil, e o alívio, impossível. É ao longo de uma sensibilidade compartilhada, qual seja a capacidade de suportar dor, que se mede o respeito com o qual nos temos obrigado a tratar os animais e que, não por acaso, sentimos com maior força quanto mais os pensamos próximos de nós. Respeito que só poucos têm, mas que chega à recusa da ideia de que eles possam ser sacrificados para o bem de importantes fins humanos (a alimentação, a pesquisa científica). Porque entendem que se deve ficar aquém do limiar que faz com que uma vida seja inviolável. Mas, se esta é a dignidade peculiar da vida humana, o problema de *como* ela deva ser tutelada exige que imediatamente em seguida, se questione sobre *quando* aquele limiar pode ser ultrapassado, além do limiar quanto àquilo que *essencialmente* constitui tal dignidade. Eis porque a bioética em sentido estrito se torna o lugar de conflitos radicais que envolvem o sentido profundo que atribuímos ao nosso existir, a ideia do sentido que a humanidade deve a si mesma para ser livre.

Nesse ponto, faz-se necessário um esclarecimento. A ciência, com suas descobertas, chegou a muitos desses conflitos, mas não é capaz de resolvê-los. Ela nos colocou em condição de saber como *funciona* a natureza; contudo, prescindindo, desse conhecimento, não existem motivos racionais, apenas afirmações vazias de princípio incapazes de sustentar a prova dos fatos. Entretanto, ter esclarecido o modo pelo qual nasce e desenvolve-se uma vida, não permite, automaticamente, tirar conclusões sobre o valor que se lhe deva ser reconhecido. As prescrições morais contêm a referência a um estado de coisas da experiência. O que as qualifica como tais, contudo, é o elemento propriamente normativo que estabelece o que se *deve*, não simplesmente o que é. E não se obtém esse elemento automaticamente de uma forma de saber. Tanto é verdade que cientistas de igual autoridade dão aos questionamentos da bioética respostas diferentes daquelas dadas por quem nunca trabalhou em um laboratório. Em outras palavras: o conhecimento das leis da natureza não prejudica a escolha dos valores em base dos quais esse conhecimento será eventualmente utilizado, assim como não se pode dizer que a *culpa* do que aconteceu em Hiroshima e Nagasaki seja dos físicos que esquadrinharam os segredos do átomo. E provavelmente devamos admitir – como escrevia Wittgenstein – que nossos problemas vitais não terão sequer sido tocados nem mesmo quando tivessem encontrado respostas a todos os questionamentos da ciência.

O problema, na realidade, parece hoje ainda mais sutil, porque aquilo sobre o qual se discute são geralmente os fins e os limites da própria pesquisa e, portanto, da premissa do conhecimento, antes ainda do uso que dele se fará. Poder-se-ia fechar a questão resignando-se à constatação de que a moral, nesse caso, está sempre atrasada. Quando expressa seu juízo, os cientistas já realizaram aquilo que talvez não deveriam e que, de alguma forma, se é proibido aqui, certamente será realizado acolá. Mais ou menos inconscientemente, é assim reduzido a uma única dimensão o impulso à emancipação e à promoção do humano, que a história nos tem ensinado a atribuir também para outros vocábulos: a política, a arte, a filosofia. A forma extrema dessa redução é a tese de que não existe subordinação dos meios aos fins: o fazer é fim em si mesmo e não função de uma ideia de si que o homem escolhe e procura pôr em prática.

Diante desse possível êxito, o limite daquilo que se discute na ética da vida, e em particular da vida humana, não é considerado simplesmente uma barreira de defesa cada vez mais retrógrada, o território que permanece somente porque há qualquer coisa que a ciência *ainda* não explicou e qualquer coisa que a técnica *ainda* não realizou. Nela existe o direito de *não* querer alguma coisa que se pode. Ou ainda, mais intransigentemente, o direito de não querer *poder* alguma coisa. Porque cabe à moral, e, eventualmente, à política, definir fins, inclusive aqueles que não estamos dispostos a reduzir ao meio. Por outro lado, é sempre por isso que as conclusões da bioética são mais frágeis e incertas do que as da ciência. Como a todo tipo de experiências, pensamentos e pareceres sobre limite, à bioética se pede um suplemento de recíproca tolerância, de capacidade de escuta. Aqui, mais que em outras partes, o fato de alguém pensar diferente geralmente não significa que forçosamente seja alguém que pensa errado.

SEGUNDA TESE

Nos "limites" do humano

É um erro considerar a bioética como um catálogo de direitos. Das posições que nela se confrontam muitas dependem de escolhas de reconhecimento. Quem é uma pessoa? O que significa respeitar a sua dignidade? Qual é nossa relação com os outros animais que são capazes de sofrer como nós, mesmo não "sabendo", como nós, do seu morrer? Aquilo sobre o que se discute é sempre uma condição "no limite", também quando o protagonista é um "paciente" que pede para poder decidir como morrer. Não existe, consequentemente, a solução passepartout, mas agrupamentos de problemas que propõem responsabilidades e deveres diversos.

Com base em equívoco por demais difundido, as controvérsias bioéticas nascem *fundamentalmente* de contraposições sobre princípios. Não é assim, pelo menos não sempre, e certamente não naquilo que se refere às questões de início de vida. Ninguém sustenta que seja lícito matar uma pessoa inocente. Quem admite o aborto ou o sacrifício dos embriões para os fins da pesquisa o faz simplesmente porque dá uma resposta diferente à pergunta sobre o significado das primeiras fases da vida humana, quando ainda não existe um indivíduo capaz de pensar nem mesmo de sofrer, ou, na verdade, tudo o que existe é uma microscópica esfera de células indiferenciáveis entre si. Em suma: consideram-se importantes a autodeterminação e o direito de escolha da mulher e tudo o que fazem, em linha de princípio, aqueles que se alinham em defesa da vida, e não se *reconhece* nesse caso o limite inviolável da dignidade da pessoa, diante do qual, para todos, aquela liberdade não pode ser reclamada.

No centro da reflexão bioética não encontramos os direitos, mas o dever do respeito em relação ao qual eles são confrontados. Certamente não para negar o valor dos direitos, mas por um ato de honestidade intelectual que abre, entre outras coisas, um espaço de mais serenidade para o confronto. Não há de um lado os grupos de um fundamentalismo que odeia o exercício da liberdade e a quer ajoelhada diante dos dispensadores do sagrado e, na trincheira oposta, os hereges da filosofia do Marquês de Sade que considerava uma vida no seio de uma mãe como as "unhas que cortamos de nossos dedos". Nas diversas Cartas e Declarações dos direitos do homem consolidou-se já um patrimônio comum: todo indivíduo é parte de uma relação entre iguais que abrange todo o gênero humano. Respostas diferentes aos questionamentos da bioética não prejudicam esse patrimônio. Em todo caso, por serem respostas procuradas "nas fronteiras", quando muito correspondem aos limites mais ou menos inclusivos de tal relação. É quanto à definição da medida do respeito, e principalmente quanto aos seus "limiares", que discordamos. E o limiar mais delicado é o do humano.

Podemos encontrar uma confirmação para essa conclusão cruzando duas posições claramente incompatíveis entre si. Alguns acham que o "especista" seja um preconceito a ser deixado de lado sem exitação e sem qualquer compromisso.

O autor que se aventurou mais longe e com maior sucesso (superando as mais duras polêmicas) nessa tentativa de repensar a vida desde os fundamentos, é provavelmente Peter Singer. O valor de cada ser vivo depende de sua colocação em uma das três categorias definidas por duas precisas descontinuidades, dois verdadeiros e próprios saltos qualitativos. A capacidade de experimentar prazer e dor é a condição suficiente para que os indivíduos sejam objeto de um interesse, de uma responsabilidade moral, mas é só com a racionalidade e o autoconhecimento que se supera o limiar da vida *pessoal*. Em consequência, devem-se distinguir:

– os seres privados de sensibilidade, como as plantas, mas também os embriões, os neonatos anencefálicos ou os sujeitos em estado vegetativo, em relação aos quais não se têm qualquer obrigação;

– os seres que são *conscientes* no sentido da sensibilidade ao prazer e à dor, como quase todos os animais, os fetos desenvolvidos, os neonatos e os adultos afetados por graves deficiências mentais, para os quais vale o dever de respeito, como dever ao menos de minimizar o sofrimento;

– as pessoas, que correspondem aos humanos adultos *normais* e, talvez, ao gorila e ao chipanzé. Apenas esses, entre todos os seres vivos, têm a capacidade de se conceberem a si mesmos como entidades distintas que existem no curso do tempo e, portanto, entre outras coisas, têm a capacidade de *querer* que tal existência prossiga, e prossiga segundo *seus* fins. É o limiar do direito à vida em sentido próprio.

De maneira inteiramente diversa, apresentam-se aqueles que reconhecem uma dignidade "especial" à vida humana enquanto tal. Não é verdade que a matriz dessa tese seja a religião, porque não é verdade que a religião trace sempre limites claros e intransponíveis entre a nossa existência e o resto da natureza. Basta pensar no *samsara* do hinduísmo, ou seja, na teoria da transmigração das almas, no ciclo contínuo dos renascimentos segundo a lei do *karma*, que prevê que conforme as ações realizadas a alma se encarna em outros seres vivos. Não resta dúvida, todavia, que o monoteísmo e, em particular, o cristianismo, com a doutrina da encarnação de Deus, deram um impulso decisivo nessa direção. A dignidade da pessoa é a dignidade do homem, porque só o homem foi criado à imagem e semelhança de Deus. A Igreja Católica, com seu magistério, construiu em torno dessa intuição originária uma antropologia complexa e organicamente articulada, até o detalhe de um sistema de regras que constitui hoje um dos modelos de bioética mais conhecidos e discutidos.

A vida do homem é sinal e participação do sopro vital da divindade. Só a pessoa humana, dotada de uma alma espiritual e imortal, é querida por Deus "em si mesma" e, por isso, destinada à felicidade eterna. O respeito que a ela se deve é absoluto, incondicionado. Outra é a natureza, a finalidade do mundo que, contudo, Deus ordenou para o bem. Este – lê-se na edição do *Catecismo* promulgada em 1997 por João Paulo II – é "um dom concedido ao homem, como uma herança a ele destinada e confiada". É claro que uma perspectiva desse tipo separa, em linha de princípio, a responsabilidade nas comparações entre tudo o que pertence à área do humano da responsabilidade que de alguma forma se tem diante das outras formas de vida. A antropologia filosófica consolidou-se como disciplina e área de pesquisa no século XX, valorizando a excepcionalidade do "lugar" do homem no universo: o animal é indivíduo, singularidade garantida por um centro em torno do qual se traça o limite corpóreo entre o interno e o externo, entre o eu e o outro, mas é só o homem para saber projetar sua natureza de ser vivo para além da cadeia dos acontecimentos e, enfim, para além de si mesmo. Essa solidão do homem é interpretada no sentido de que o início da vida autenticamente pessoal permanece também como um limiar de espécie.

Para compreender onde verdadeiramente se produzem os conflitos da bioética, o gesto mais simples é o de isolar e tirar de campo a comunidade daqueles para os quais ambas as posições reconhecem a plena dignidade das pessoas: os indivíduos humanos adultos dotados de um nível "normal" de consciência, vontade, racionalidade. A bioética não se interessa pelas relações entre eles e, portanto, pela simetria de direitos e deveres que nela se produz. Dá-se por deduzida e, justamente porque se desenvolveu no terreno de uma cultura que se tornou atenta aos direitos motivados pelas tragédias da história, coloca-se o problema da relação com os seres vivos que compartilham ao menos algumas características relevantes com os sujeitos da comunidade "central". O antiespecismo radical não foi superado: o existir no mundo como indivíduos da espécie humana é quase unanimemente considerado uma razão suficiente para gozar do pleno respeito que se deve às pessoas: recém-nascidos e deficientes têm pelo menos a mesma dignidade de gorila e chipanzé. A responsabilidade em relação aos outros animais continua ligada prioritariamente ao compromisso de eliminar o sofrimento inútil e não ao respeito de uma presumida capacidade sua de autodeterminação, mesmo se o dever tende efetivamente a fazer-se mais urgente ali onde pensamos reconhecer qualquer traço de "inteligência". A questão mais típica e conflitivamente bioética torna-se assim aquela que se liga ao desenvolvimento da vida humana e, em particular, à sua fase pré-natal. A divergência sobre o nível de dignidade que lhe deve ser reconhecido não poderia ser mais clara: para uns, ao menos nas primeiríssimas fases, a dignidade simplesmente não existe;

para outros, o respeito será de qualquer forma devido, talvez exatamente na mesma medida que cabe às pessoas. Isso, para o início da vida. E para o fim?

Para o fim da vida, a separação das pessoas da comunidade central não se deu por um diferencial de liberdade (salvo o caso de indivíduos que a doença privou da capacidade de compreender e de querer) e diz respeito mais ao limiar da despedida. Por isso, entre todas as situações que habitualmente a bioética leva em consideração, essa parece a situação em que mais forte e menos contestável se apresenta a procura por autodeterminação. Mas, também nesse caso, a busca do elemento especificamente bioético ocorre dentro de uma particular condição "no limite". A definição mais comum de eutanásia considera-a um gesto extremo de solidariedade: mata-se (eutanásia ativa) ou se deixa morrer (eutanásia passiva) um indivíduo que está sofrendo talvez além daquilo que se pode razoavelmente pretender de um homem, e que, sobretudo, *quer* morrer. O respeito a essa vontade exerce aqui uma insubstituível função de garantia para evitar que a compaixão se torne na verdade o véu de hipocrisia de um poder arbitrário sobre a vida, como no caso da assim chamada eutanásia não voluntária (o sujeito não pode ou não pode mais expressar sua vontade) e, mais ainda, no caso da hipótese de uma intervenção feita *contra* a vontade do doente ou sem tê-lo consultado quando era possível fazê-lo. O pressuposto desse exercício da autodeterminação é, entretanto, o de um sofrimento grave, *objetivamente* constatável em termos imediatamente físicos. Tanto é verdade que a primeira obrigação é da proximidade e cura. Junto com a obrigação de se certificar que o pedido de morrer não nasce do incômodo psicológico da solidão e do abandono. Ou, de qualquer forma, que seja condicionado pela particular fragilidade na qual sempre se encontra quem sofre, especialmente se sente próximo do fim. Em suma, quando tem o homem como seu foco central, a bioética concentra-se nos limites da liberdade nos limites da vida. Na preparação da morte, no momento em que ela se aproxima, experimenta-se quanto essa grande profundeza da responsabilidade pela vida não valha somente como critério da relação entre um indivíduo *agente* e o objeto de sua vontade, quando essa *qualquer coisa* poderia ser entendida como *qualquer um*. O problema da eutanásia é o problema do *paciente* como sujeito de uma dignidade que não só merece, mas que *pede* respeito. O horizonte é o de uma relação entre liberdade e o tratamento que, consequentemente, nunca será simplesmente imediato. Até quando as condições psicofísicas o tornem possível, será conscientemente *vivido*. Poderá ser *recusado*. Assim como forçado a se recusar, se encontraria o médico ao qual as leis do Estado ou o código de sua profissão impedem de fazer aquilo que o paciente deseja. Levando, porém, sempre em consideração a consciência de que a liberdade daquele que se confia aos seus cuidados tem o mesmo valor da liberdade das pessoas com as quais ele interage na vida cotidiana e de *cuja* ajuda tem necessidade para expressar-se. Porque é a liberdade, a dignidade de um corpo doente. A margem de sobreposição entre a ética médica e a bioética mostra-se aqui evidentemente ampla. O elemento específico da segunda é buscado exatamente neste penoso operar no limite, quando, de qualquer forma, não está mais no retorno à boa saúde, às atividades e aos afetos que se espera.

Na bioética, confrontam-se muitos e difíceis dilemas. Não é possível, pelo que se tem dito, resolver "todos ao mesmo tempo". Não é possível, particularmente, utilizar ao modo de um *passepartout* aquele princípio de autodeterminação que parece impor-se com tanta clareza nas questões de fim de vida. Parte-se da constatação de que todo indivíduo, salvo condições extremas de algumas patologias como a tetraplegia, é sempre capaz de matar-se. O valor da liberdade, que ninguém contesta, é por isso invocado para permitir a cada um enfrentar *sua* morte segundo *suas* convicções, sem dano para os outros. Os argumentos contra a eutanásia ou, ao menos, contra o suicídio assistido, a partir da tese da indisponibilidade da vida, não são aceitos unanimemente e, portanto, em uma sociedade liberal e democrática, não podem ser impostos a quem pede apenas para decidir por si. Nesse ponto, porém, seria resolvido inclusive o problema do aborto. Não seriam de fato necessárias substanciais integrações ou correções para considerar também aqui a autodeterminação como o "princípio dos princípios". Há, entretanto, na verdade, necessidade de ulteriores explicações. E uma explicação seria em relação ao aborto, porque a autodeterminação é aqui reivindicada não sobre o próprio corpo, e sim sobre aquilo que não pode não ser considerado já desde o início como possibilidade concreta ao menos de uma existência pessoal e livre. Mas também no que diz respeito à própria eutanásia, com a qual se passa do plano daquilo que é simplesmente possível *de fato* para o que se pode pretender *de direito* e que se realiza não pelas próprias mãos, mas pelas mãos do profissional (o médico), ao qual a sociedade confia a tarefa de proteger a saúde e a vida dos cidadãos.

Os problemas não se resolvem nem mesmo quando se limitam em fixar a prioridade entre os princípios. Até porque a bioética é uma forma de ética aplicada e se ocupa, em última análise, de situações concretas em relação às quais pode acontecer que se esteja de acordo no fazer a mesma coisa, conquanto não pelas mesmas razões. Um único princípio sozinho, entretanto, não basta. E isso significa que as contraposições rígidas são quase sempre abstratas, a partir talvez daquela mais invocada e que alinha, de uma parte, os que sustentam a qualidade, e, de outra, os que sustentam a sacralidade da vida. O utilitarismo da qualidade de vida tem aceitado a contaminação com o vocabulário dos direitos para evitar que a aplicação rigorosa e imparcial do cálculo de bem estar como parâmetro de comparação da existência que vale ou não a pena ser vivida se traduzisse como o "dever" de suprimir os infelizes ou, simplesmente, os mais desafortunados, mesmo quando, absolutamente, não pedem para morrer. Por outro lado, os sustentadores da sacralidade e da indisponibilidade da vida não defendem nela a superficialidade do simples vitalismo biológico: a existência terrena permanece sempre disponível, sacrificável pelo testemunho de valores mais altos e não é um bem a ser defendido a qualquer custo. Também o médico, em determinado momento, abdicará dos instrumentos da sua ciência.

À bioética são úteis, enfim, muitos princípios, mas ela precisa, antes de tudo, da sabedoria da razão prática. Tomás de Aquino destacava o quanto ela, diferentemente da razão especulativa, não pode deduzir suas conclusões de uma maneira universal e com certeza absoluta. Tem de levar em conta a contingência das coisas humanas. E saber que nas dobras às vezes dolorosas dessa concretude, precisamente a exceção à regra pode ser a coisa justa a ser feita.

TERCEIRA TESE

A dignidade do embrião

> Não há consenso sobre o valor da vida humana nas primeiras fases do seu desenvolvimento. Para alguns, falta nela uma evidência significativa da dignidade da pessoa, podendo-se fazer dela o que se quiser. Outros, mesmo não reconhecendo o dever de uma tutela absoluta, admitem que aí esteja, de qualquer forma, uma responsabilidade pela vida que se inicia: devem ser confrontados os diversos valores em jogo e decidir. Outros ainda, por fim, afirmam que, a partir da concepção, a vida do homem tem sempre a mesma dignidade: desde o primeiro instante vale o imperativo "não matar". Esse conflito sobre o estatuto do embrião não parece de fácil superação.

A existência de todo ser humano tem início com a concepção, com a fusão do material genético de um homem e de uma mulher em um zigoto, que começa assim o seu caminho *na* vida. Cada um de nós foi um embrião e depois um feto antes de se tornar uma criança nos braços de sua mãe. Acontece às vezes de esse caminho interromper-se por razões totalmente naturais, e a ciência nos diz antes de mais nada, que isso é exatamente o que se dá em um número muito grande de casos nos dias que antecedem o *annidamento* (nidação) no útero materno. E, todavia, quando uma gravidez chega ao seu término, existe um único resultado possível: não nasce nem nascerá nunca uma águia, uma rã ou um macaco, mas sempre unicamente um homem ou uma mulher como nós. É por isso, muito simplesmente, que o aborto causa problema, tanto hoje quanto no passado.

Deve ser mudado e aperfeiçoado o conhecimento que temos desse processo, ao qual junta-se a novidade de nossa época, ou seja, a possibilidade de fazer com que esse processo aconteça fora do corpo de uma mulher que, até uma geração atrás, guardava todo o mistério dentro de si. Sabemos, portanto:

a) que não existem saltos, mas uma *continuidade* rigorosamente determinada nos tempos e nos modos;

b) que a *coordenação* das diversas fases desse desenvolvimento é assegurada e controlada desde o início do "programa" fixado junto à identidade genética do indivíduo que, com exceção dos gêmeos monozigóticos (isto é, nascidos da cisão de um único óvulo fecundado nos dias imediatos após a concepção), somente a ele pertence e lhe é dada uma única vez;

c) que a *gradualidade* com a qual tudo isso se realiza, via de regra em nove meses, continua constantemente orientada para o seu fim, que é precisamente o nascimento de um ser humano. O embrião e o feto não exprimem abstratamente a potencialidade de uma pessoa. São o ser, o *ato* concreto do qual devêm sem o qual nenhuma pessoa existe.

Desse conhecimento derivam, e provavelmente não podem não derivar, comportamentos diversos. Não é irracional reconhecer à vida pré-natal um valor, uma dignidade tão profundamente constitutivos do homem a ponto de quase merecer o mesmo respeito que consideramos devido aos membros da comunidade de todos os seres vivos que são "como nós". Mas, é compreensível também a posição de quem refuta tal reconhecimento, e ainda mais, talvez, a posição de quem o concede, por assim dizer, atenuado. Quem recusa o aborto não pretende que uma mulher chore a "perda" de uma vida humana, em consequência de um malogrado implante de um embrião em seu útero, com as mesmas lágrimas que poderia verter por uma gravidez que se interrompa no terceiro mês, ou lágrimas que certamente verteria se tivesse de perder o seu filho depois de tê-lo colocado no mundo. Não o pode pretender porque isso seria por todos considerado "inatural", e porque, de tal perda, na realidade, uma mulher nem sequer se dá conta. Estamos precisamente às margens da vida humana, tão próximos do limiar do seu início a ponto de não saber que existe e imediatamente em seguida desaparece.

Dessa marginalidade a vida sai progressivamente. E dois são os motivos que parecem detê-la "no limiar", ao menos por boa parte do percurso que vai da concepção ao nascimento:

a) a humanidade do embrião e, em parte, também do feto, é pensada, imaginada, sabida e talvez também querida e, todavia, não *aparece*. É simplesmente impossível vê-la naquele embrião do tamanho da cabeça de um alfinete que no compartimento asséptico de um laboratório, somente a pessoa acostumada aos trabalhos poderá indicar-nos como sendo humano e não como bovino, mas que não se impõe com a evidência, a imediata tangibilidade de uma relação vivida nem mesmo quando, no feto, uma ecografia nos mostra as inconfundíveis formas do humano;

b) o nascituro é uma vida no corpo e *graças ao corpo* de uma outra. Cresce seguindo seu programa, mas não pode crescer senão por meio da nutrição da mãe e do bom funcionamento do organismo dela. É uma parte dela e, por isso, de algum modo pode-se dizer que lhe "pertence". Como uma responsabilidade, certamente, mas também na consciência de que não há tutela da vida nascente que não passe, literalmente, pelo corpo que a hospeda. Levando em conta, portanto, *seus* direitos. Em muitas leis que regulam a interrupção voluntária da gravidez, incluindo a que está em vigor na Itália, não é difícil encontrar confirmação da importância mais ou menos explícita desses fatores. Depois do terceiro mês, quando o que aparece é, em miniatura, um corpo como o nosso, ocorrem razões particularmente sérias para decidir não fazê-lo vir ao mundo. A partir do momento que se torna capaz de uma vida autônoma, o médico que devesse intervir para salvar a vida da mãe deverá de alguma maneira fazer também todo o possível para salvar a o filho.

É neste horizonte profundamente problemático que estão consolidados os argumentos do confronto sobre o estatuto do embrião e do feto, e estão definidas substancialmente três posições.

A) As concepções da pessoa orientadas para as teses do antiespecismo radical comportam, como vimos, conclusões muito claras. Não só o embrião não é uma pessoa. A potencialidade *intrínseca* de vir a ser é, do ponto de vista da avaliação moral, totalmente irrelevante, porque as capacidades que definem o valor de uma vida e, portanto, o respeito que lhe é devido (os seus direitos) são todas e somente aquelas que efetivamente se manifestam e não aquelas que, verossimilmente, se manifestarão no futuro. A pessoa é tal enquanto persegue o seu bem não apenas em sentido "biológico" como faz todo organismo que instintivamente procura manter-se e potencializar-se como centro de vida, mas também no especificamente "biográfico" da consciência, da vontade, da racionalidade. Nas suas primeiras fases, a vida da qual poderia também emergir a liberdade é simplesmente *qualquer coisa* da qual podemos dispor à vontade. Não porque se negue a continuidade do processo, mas porque a questão da dignidade é uma questão de funções e não de *bíos* dentro de uma espécie.

A única diferença que ocorre levar em conta na vida pré--natal — segundo essa perspectiva — é aquela determinada pela capacidade de sofrer do feto. Têm uma utilidade essencialmente descritiva, que não incide sobre o juízo moral, os conhecimentos que colocam em foco determinadas passagens de alguma forma relevantes do início do processo, como a singamia, ou seja, a completa fusão de todos os cromossomos das células germinais (cerca de 24 horas depois que o espermatozoide penetrou o óvulo), ou o implante no útero materno.

B) O comportamento provavelmente mais difundido suaviza em sentido "emergencista", as consequências do argumento da potencialidade intrínseca e, por conseguinte, da concessão de um estatuto privilegiado à vida humana enquanto tal. A corte europeia dos direitos humanos de Strasburgo reconheceu, em uma sentença de 2004, que justamente porque têm a capacidade de se tornar uma pessoa, embrião e o feto "exigem proteção em nome da dignidade humana", mas isso não significa que a eles se aplique automaticamente a inequivocável afirmação de que "ninguém pode ser intencionalmente privado da vida". O nível de proteção que os sustentadores dessa posição reclamam para o concebido não obrigam a incluir a proibição do aborto ou da experiência com embriões. Trata-se mais de configurar sob o perfil da avaliação moral que das opções jurídicas, uma espécie de "terceiro gênero".

A vida pré-natal não é em sentido próprio a de uma pessoa igual a cada um de nós, porque as qualidades que marcam o salto de valor da espécie humana em relação a todas as outras ainda estão longe de se manifestar, não estão propriamente "emersas" de sua base material orgânica. Há, contudo, um dever de respeito. O que está em curso é um processo de hominização sobre o qual se projeta a antecipação de uma responsabilidade maior, a aura da dignidade da vida, somente a qual consideramos deveras inviolável. Uma dose razoável de especismo, poder-se-ia também dizer, é não só legítima, mas inevitável, justificada pela consideração daquilo que embriões e fetos se tornarão. No processo que os leva a vir ao mundo, entretanto, o acento cai mais sobre a gradualidade do que sobre a continuidade, configurando uma exigência e um modelo de tutela.

A exigência é a de válidas razões para a escolha de interromper tal processo. E com essa responsabilidade deve-se medir o eventual reconhecimento de um direito a dele dispor. O artigo 4, da já citada lei 194 de 1978, indica com precisão, mesmo para os primeiros noventa dias da gravidez, as "circunstâncias" diante das quais uma mulher pode dirigir-se a um consultório público, a uma estrutura sociossanitária ou a um médico de sua confiança, para pedir para abortar: um sério perigo para sua saúde; particulares condições econômicas, sociais ou de família; a maneira como aconteceu a gravidez (uma gravidez poderia ser por exemplo o resultado de um estupro); a previsão de anomalias ou más formações do nascituro.

Não se pode, em suma, falar de um direito de fazer quando se quer aquilo que se quer. Diante da própria consciência antes que diante do Estado. O modelo de tutela será, porém, tirado da integração do princípio de potencialidade com o de proporcionalidade. O concebido se tornará um de nós, e isso é suficiente para reconhecer seu *status* moral e dever de respeito nas suas confrontações. Mas esse dever não é absoluto desde o primeiro momento e se reforça de forma *progressiva*. Os motivos que precisamos para matar um feto no quinto ou no sexto mês deverão ser excepcionalmente graves. Não se requer igual escrúpulo por aquilo que é ainda só um embrião ou uma vida em proveta.

C) "É já homem aquele que homem se vai tornar". Nessa simples afirmação de Tertuliano, escritor cristão que viveu entre os segundo e terceiro séculos, é reassumida a posição daqueles que refutam a ideia de que o homem adquira "gradativamente" o valor particularíssimo que todos reconhecem à pessoa. A Congregação para a Doutrina da Fé, publicando no fim de 2008 uma Instrução dedicada exatamente à *Dignitas personae*, (IDP) reforçou a intransigente firmeza da Igreja Católica quanto a esse ponto: *"a realidade do ser humano, com efeito, ao longo de toda sua vida, antes e depois do nascimento, não permite afirmar nem uma mudança de natureza nem uma gradualidade de valor moral, porque possui uma plena qualificação antropológica e ética. O embrião humano, por isso, possui desde o início a dignidade própria da pessoa". Essa afirmação integra e completa a tese da unicidade e excepcionalidade do homem em relação à natureza, que faz do cristianismo um dos paradigmas teóricos do especismo. Da unicidade e da excepcionalidade deriva o direito inviolável à vida. E esse direto é reconhecido, sem exceções, desde a concepção. Como uma verdade de caráter ético conforme a lei da mesma razão a partir de

---

* Nota do Editor: Sagrada Congregação para Doutrina da Fé, IDP, n.5.

sólidos conhecimentos científicos e que, como tal, "deveria estar na base de todo ordenamento jurídico".

Estamos diante – veja-se bem – de uma tese antropológica e não de um corolário da experiência religiosa. No interior do próprio cristianismo existem sensibilidades e aproximações diversas. Para o Islã vale a referência à passagem do Alcorão na qual estão indicadas as etapas do desenvolvimento do embrião e que sugere uma perspectiva decididamente mais alinhada à tese da progressividade que à da dignidade integral desde o primeiro momento: "Nós criamos o homem de finíssima argila, depois fazemos dela uma gota de esperma em receptáculo seguro. Depois transformamos a gota de esperma em coágulo de sangue, e o coágulo de sangue o transformamos em massa mole, e a massa mole a transformamos em ossos, e vestimos os ossos de carne, e produzimos então uma nova criação!" (23, 12-14). Essa novidade, esse verdadeiro limiar, corresponde à infusão da alma, que, segundo um dos "ditos" do Profeta, aconteceria 120 dias depois da fecundação. No Islã, essa tradição tem feito com que seja possível uma ampla variedade de interpretações do estatuto do embrião e do respeito que lhe é devido.

Uma consideração posterior diz respeito ao caráter incondicionalmente "inclusivo" dessa grande concepção da dignidade do homem. Ela não depende da razão e da vontade como atividade e capacidade efetivamente funcionais, com a consequência que quando estas ainda não se manifestam ou não se manifestam mais, também aquela dignidade resulta atenuada. As mesmas capacidades superiores do homem pertencem ao seu *ser* e respeitá-las significa respeitar a natureza, o *bíos* que sozinho as expressa, mesmo nos indivíduos em que toda humanidade possível não existe ou se tornou real. Se todos os homens são "iguais", mesmo se diferentemente capazes – e negá-lo é por todos considerado uma intolerável discriminação – sê-lo-ão mesmo antes do nascimento: admitir que o aborto, que já não é permitido depois do terceiro mês, o seja ainda para algumas semanas no caso de "relevantes anomalias" do nascituro, mesmo com o esclarecimento de que a exceção é justificada não pelas anomalias enquanto tais, mas pelo seu efeito sobre a saúde psíquica da mãe, acrescenta, nessa perspectiva, violação sobre violação. Assim como a dignidade não depende do *tempo* do desenvolvimento de uma vida humana, do mesmo modo não pode depender da sua *qualidade*. Uma condição de privação é sempre, se tanto, uma condição de fragilidade que merece uma maior tutela.

Não se pode negar, talvez não a todas do mesmo modo, as "boas" razões de cada uma dessas posições, mesmo que, por fim, se escolha uma em detrimento da outra. Hume, em pleno século das Luzes, admitia que criaturas racionais, e todavia de força inferior à nossa a ponto de não conseguirem opor resistência, poderiam, sim, exigir cortesia, mas continuariam de qualquer forma incapazes de se defender de "patrões tão despóticos". Nos embriões e nos fetos também a razão está apenas em potência. E é inevitável que eles continuem expostos ao "despotismo", isto é, à responsabilidade de quem escolhe por eles e *sobre* eles. Não é, porém, isso, talvez, tudo o que é possível dizer sobre critérios morais de uma escolha tão importante.

QUARTA TESE

O aborto

A liberdade, quando se interroga sobre aquilo que "deve" à vida que não está em condição de reinvidicar direitos, interroga-se sobre sua própria abscôndita raiz. Todos nós fomos gerados para a vida por outros, assim como por outros fomos amados antes de amar, educados a falar, pensar e querer. A liberdade não se produz, não se sustenta, não se torna feliz por si. Não é importante, então, que todos vejam do mesmo modo "a" natureza do homem. É importante a experiência de que a capacidade de autodeterminação não existe sem a troca de relação e fora da carne e do corpo, nos quais nascemos e com os quais um dia morreremos. Não se pode querer a liberdade senão querendo que a vida exista.

No centro da bioética encontram-se decisões que condicionam as pessoas naquilo que sentem como essencial e irredutivelmente *próprio*: a *sua* vida que acaba, a vida que *elas* geram toda vez que colocam um filho no mundo. Por isso, é quase inevitável que não somente o eixo da liberdade se torne o eixo portador da reflexão, mas também, que em seu significado, se dê destaque primeiramente ao momento da liberdade "de", no momento da autodeterminação (que, na verdade, tal significado não se esgota). A bioética teria a finalidade de verificar e reforçar os limites diante dos quais deve necessariamente deter-se a pretensão de qualquer autoridade externa de decidir no lugar do indivíduo, também quando as consequências são diretamente sobre *seu* corpo.

A célebre sentença da Corte Suprema *Roe v. Wade*, que sancionou em 1973, nos Estados Unidos, o direito de abortar, continua o ponto de referência dessa colocação e dos questionamentos que ela deixa abertos, sobre os quais, no entanto, falaremos mais à frente. Reconhece-se, embora só para o primeiro trimestre da gravidez, a existência de uma esfera de *privacy* "livre da interferência do Estado": o direito de abortar, de Jane Roe (nome fictício de uma moça de Dallas, que não queria um terceiro filho), fora tirado das emendas da Constituição americana que configuram o conceito fundamental de *liberty*. Não contudo a liberdade no sentido amplo e geral de *freedom*, mas no sentido especificamente político da assim chamada liberdade "negativa", que, na tradição liberal, indica justamente a possibilidade de agir sem interferências. Ao redor dela, o Estado tem a obrigação de erguer uma barreira de segurança que não pode depois, evidentemente, ser ele o primeiro a violá-la. Não existe respeito da liberdade *pessoal* dos cidadãos se esse respeito não incluir o de sua autodeterminação nas escolhas essenciais da vida familiar e sexual. Pode-se, certamente, objetar que essa conclusão pressupõe a recusa da plena dignidade humana do embrião e do feto, mas, uma vez que essa tese permanece muito controversa, sobraria como escolha mais "razoável", em uma sociedade pluralista, a de aceitar que cada um siga a própria consciência. Segue também por esse caminho a lógica do princípio *passepartout*: se isso vale quando se decide sobre a vida daquele que vai nascer, com maior razão se deve poder fazê-lo quando se decide sobre a própria.

É correto considerar unicamente importante a dimensão da *liberty*? Pode-se levantar a hipótese, ao menos do ponto de vista da avaliação moral, de que além do controverso problema do reconhecimento do concebido como pessoa, há outros elementos a serem levados em conta? A autodeterminação, com efeito, não basta para explicar a dinâmica concreta através da qual o indivíduo projeta a sua vida, cultiva o amor e a amizade mais que o ódio, deixa envolver-se em relações de responsabilidade, e cuida, mais que tudo, de perseguir a qualquer custo a maximização do próprio interesse. Tanto o *horizonte* quanto a *raiz* da liberdade nos pertencem só em parte. Cada um de nós sabe quanto o primeiro esteja condicionado por fatores econômicos, sociais, culturais, pelo fato de ter vindo ao mundo em determinado lugar e tempo. O que *efetivamente* nos é possível, a variedade das opções, entre as quais a escolha é real e não só hipotética, não é igual para todos e não basta que "não sejamos impedidos" para sermos livres. Tudo o que realmente seremos "capazes" de fazer é jogado num universo em que os homens interagem, dirigem-se reciprocamente questionamentos, fixam ordens e proibições, ou, ainda, com sua simples presença, transformam a necessidade e a fragilidade na provocação de uma responsabilidade imediata.

Hoje sabemos também, com maior e definitiva precisão em relação ao passado, que a *raiz* da nossa liberdade é a história da espécie. A última fronteira da polêmica antidualista, da longa tradição que procurou reduzir as manifestações da alma às reações físico-químicas que acontecem no corpo, passa pelas neurociências. A "neuroética" é exatamente a disciplina originada da consciência de que a nossa natureza moral e as suas potencialidades dependem do cérebro que temos, que é, por sua vez, o resultado da longa seleção que produziu o *homo sapiens*. Com um esclarecimento. A ciência colocou "fora do mercado" a versão mais ingênua do determinismo. As condições materiais "antecedentes" à experiência moral, a estrutura e as ramificações do cérebro são no homem tão complexas que tornam impossível fechar numa relação única de causas e efeitos a previsão do seu comportamento. Há sempre no homem, e no homem somente, uma *segunda* natureza, o espaço da cultura e da linguagem na qual se produzem desejos, crenças, experiências do bem e do belo. Como escreveu o prêmio Nobel de medicina Gerald Edelman, os valores não são dados mas sempre modificáveis e "nos animais não existem equivalentes dos santos, que mesmo sob tortura podem preferir a morte à renúncia".

Os filósofos e os cientistas têm, enfim, pesquisado em todas as direções a partir da dúvida de que a liberdade não seja senão uma ilusão. A bioética, mesmo hesitando em relação às margens extremas do *bíos* do qual ela nasce e com o qual – neste mundo – terminará, não nega de fato a autodeterminação, antes assume-a como pressuposto. Pede, porém, para radicalizar a opacidade que lhe é de alguma forma constitutiva, e para pensá-la, em consequência, como o paradoxo de um *projeto* que é, ao mesmo tempo, um *débito*, em um sentido não ser confundido com a posição religiosa de quem a considera, junto com a vida, como um dom de Deus ao homem. Não se trata nem mesmo de considerar a natureza como geradora e guarda de uma ordem universal pela qual os seres humanos deveriam orientar sua conduta. Na nossa natureza, no nosso cérebro, estão certamente inscritos necessidades, instintos e capacidades que contribuem para determinar, cruzando a história e a cultura, o horizonte da liberdade. Até para fixar alguns limites e, provavelmente, algumas constantes que permitem aos homens que se entendam quando falam do alimentar-se, do vestir-se, do construir para morar, do amar, do fazer a guerra, de um matrimônio e de um funeral. Da natureza, entretanto, não podemos deduzir todos os fins, porque para o homem aquilo que ainda *não* é, é tão importante quanto aquilo que ele é porque assim foi feito pela evolução, pelo acontecimento do encontro de dois gametas e pelo ambiente em que cresceu. Assim já o celebrava Pico della Mirandola na obra *Orazionte*, dedicada à dignidade: "Não te fiz nem celeste nem terreno, nem mortal nem imortal, para que de ti mesmo, quase livre e soberano artífice, plasmasses e esculpisses a forma que tivesses escolhido". A dignidade da natureza humana, em suma, não é a dignidade de um "fundamento" que valha como filigrana imutável da própria atividade normativa da razão. O vínculo de liberdade e corpo e o seu constituir-se na vida que nasce, podem ajudar a pensar que alguma coisa é devida a ela, mas porque esse vínculo é, como disse, um paradoxo.

Antes de tudo, é como uma relação entre liberdade e corpo em geral. A primeira não existe senão no segundo, que dela é, por assim dizer, a *transparência*. O corpo, entretanto, pode facilmente tornar-se *obstáculo*. Na doença, ele adquire certamente um peso tão estranho ao qual nos sentimos acorrentados, num sofrimento tal que chegamos a pedir a libertação da morte. Mas a morte é o fim da liberdade. Por isso, também a decisão de considerar a doença "terminal", renunciando a luta contra ela, é tão difícil. Devido a isso, vemos com maior angústia aqueles casos extremos em que um corpo que, conquanto seja humano, parece já não hospedar o mínimo traço da liberdade. A nossa condição "normal" é aquela pela qual o sentido do nosso pensar, sentir e querer se dá em um *bíos* que é carne e, portanto, fronteira aberta, continuamente permeável às vozes das outras pessoas, mas também ao não-senso da vida nua, do pó que somos e ao qual retornaremos. Quando essa troca interrompe-se, parece de fato, sobrar somente aquele não-senso, a amargura que faz pensar que tudo está perdido.

A vida que nasce coloca em foco o mesmo paradoxo em uma perspectiva invertida, que é a da possibilidade na qual tudo ainda deve acontecer: é certamente uma vida sem liberdade, mas é a vida sem a qual simplesmente nenhuma liberdade é possível. Essa consciência não existe ou vem com a fé em Deus. Existe ou vem com a liberdade, porque é somente na vida e graças a ela, como afirma Francesco D'Agostino, que "é possível dizer *eu*". Eis porque sentimos facilmente a esperança de que a vida se faça vida e siga adiante. E um reconhecido mestre do pensamento "leigo" – Uberto Scarpelli – reconhecia-se, sem a menor dúvida, "pleno de simpatia pelo ser humano potencial em lento emergir do escuro do não ser para a riqueza do existir".

Essa simpatia não cria automaticamente prescrições e, menos ainda, leis. Sugere uma indicação moral e humanamente significativa: deve-se, antes de tudo, deixar *existir* a vida quando se deseja que a liberdade exista. O essencial não é que se escolha ou não considerar a presença em potencial de determinada faculdade equivalente ao seu efetivo funcionamento. O essencial é que não existem, ao menos até hoje, seres humanos que não tenham "nascido de mulher". É verdade que o tempo da *espera* não é ainda o da relação como verdadeira *alter*-ação, presença *entre* os outros de um novo indivíduo, mesmo que fosse só com as necessidades de um recém-nascido. A maioria das vezes a espera é partilhada por um pai, por uma família, talvez pela própria sociedade, mas é, ao fim das contas, dentro do corpo da mãe que o feto vive e cresce. E a espera acaba quando *todos* podem responder ao choro daquele que então veio ao mundo, podem alimentá-lo ou trocar-lhe uma fralda. É também verdade, porém, que se espera só depois que uma gravidez iniciou-se, que é difícil afirmar um dever incondicional de respeito pelo *poder* ser da vida humana considerando nada mais que um punhado de células o *ser* que guarda por inteiro as condições e a riqueza da liberdade.

É dessa forma que a responsabilidade diante da vida que nasce arrasta para o centro da antropologia, ou, mais simplesmente, do cuidado, do amor pelo homem, o valor da fecundidade como capacidade de gerar o ser da liberdade, de querer que a liberdade continue a encarnar-se em outros indivíduos, continuando e perpetuando a aventura da espécie humana. Para alguns, assumir essa posição significa aproximar a intenção do aborto da contracepção. Não é assim. Mesmo esta última pode ser o indício de uma escolha de fechamento para a vida, além de um modo de entender a sexualidade, mas o processo que se interrompe impedindo a fecundação (e é obviamente importante não confundir, como contraceptivas, práticas substancialmente abortivas) é *qualitativamente* diferente. O espermatozoide e o óvulo que não se fecundam "morrerão" como espermatozoide e óvulo. Nem um nem outro contêm *sozinhos* aquela miniatura de homem ou mulher que os cientistas buscavam em séculos agora distantes. Deixados a si mesmos, não produzirão coisa alguma e, portanto, não podem de modo algum ser análogos a um embrião que só tem necessidade de ser nutrido e deixado crescer para que dali nasça um indivíduo humano. Espermatozoide e óvulo, desse ponto de vista, são diferentes do simples zigoto mais do que este último o seja do feto ao fim de uma gravidez. Di-lo a própria Igreja católica, que aceita apenas os métodos naturais para o controle dos nascimentos e por isso condena, no seu *Catecismo*, a contracepção, mas no capítulo dedicado ao amor conjugal e não no capítulo sobre o respeito pela vida, no qual o aborto é colocado entre o homicídio voluntário e a eutanásia.

Toda vez que se diz que a escolha do aborto é de alguma forma um drama, repete-se a consciência dessa responsabilidade. Não se quer ou não se pode ter um filho *agora*, mas sente-se que é um bem – e, quem sabe, o maior bem – que os filhos existam. O nascimento de uma criança é uma ocasião para festejar e até quando isso acontecer continuará a ideia de que para as escolhas sobre o início da vida vale que se dê prioridade ao acolhimento. Uma interrupção de gravidez não é nunca qualquer coisa que se possa fazer "de coração leve", enquanto não se procura saber, de uma mulher que prepara o enxoval para o filho, as razões da sua felicidade. É "natural" que seja assim, pois um nascimento nos parece, de per si, um acontecimento digno e significativo. Nascidos de mulher. É por meio das mulheres que essa dignidade se transmite. E por isso se deve também não perder a consciência de que a última palavra será, de qualquer forma, a da sua vontade. Sobretudo, quando se passa do plano moral para o das escolhas legais, nada se arrisca a ser mais inútil, e talvez cruel, do que a pretensão de uma coerção. Isso não significa, como veremos, que a lei só se possa calar; que para os médicos nada mais deva significar que simples filologismo o texto "clássico" do juramento de Hipócrates diante da sua obrigação de fornecer a uma mulher "um meio para procurar o aborto" ao lado da obrigação de subministrar ao paciente o "remédio que mata".

Em todo caso, trata-se de se levar a sério o fato de que esse dever, um dever da humanidade para consigo mesma, através daquilo que deve ser levado em conta em relação àquele ou àquela que nascerá, *entra* literalmente em um caminho que já é um projeto elaborado e vivido de felicidade e de sentido. Quando acontece um conflito, não se pode re-

solvê-lo simplesmente impondo sacrificar este último. Pode-
-se pedir, porém, que a linha do dever continue. Mesmo para
a maior parte daqueles que o entendem como um "direito",
o aborto, no fundo, é um direito que se exerce sem alegria.

QUINTA TESE

A fecundação in vitro

As novas técnicas de fecundação assistida colocaram em questionamento o modelo natural da paternidade e da maternidade, e contribuíram para a erosão do modelo tradicional de família. O dom recíproco de si na experiência da sexualidade e a relação de amor na qual gerar um filho continuam uma condição importante, mas para muitos não indispensável, da capacidade de acolher adequadamente uma nova vida. Em primeiro lugar, continuam respeitados os direitos de quem nascerá, mesmo quando isso devesse significar que nem tudo o que se deseja pode ser realizado.

Louise Brown, em 1978, foi a primeira menina a vir ao mundo depois de ter sido concebida em uma proveta. A ciência dispunha e dispõe de outras possibilidades para ajudar os seres humanos a ter um filho, a partir da inseminação artificial, utilizada para transportar in vivo o sêmen masculino aproximando-o o máximo possível do óvulo, e favorecendo assim a fecundação. E é bom lembrar que a própria IUI (Intrauterine insemination) pode continuar a resolver muitas situações, quando a folicogênese não está irremediavelmente comprometida e ao menos uma das trompas é pérvia.

O procedimento é relativamente simples: o crescimento folicular é estimulado por uma delicada intervenção farmacológica e, no momento da ovulação, o esperma é transferido diretamente para a cavidade uterina através de um cateter. Entretanto, a fecundação assistida *in vitro* tem verdadeiramente tornado disponível um poder que equivale a uma revolução copernicana pelo seu impacto simbólico-cultural. Ela não desvincula simplesmente a geração do ato que "por natureza" é a condição de possibilidade de uma concepção, mas realiza-o fora do corpo da mulher no qual depois se iniciará a gravidez. O sentido desse acontecimento não é mais o mesmo e pode ser vivido, além de ser uma importante ajuda às pessoas que desejam ter um filho, mas, não conseguem em consequência de qualquer disfunção do aparelho reprodutivo, como um suplemento até inebriante de liberdade. Jogou-se fora a servidão que Shopenhauer denunciava no instinto sexual, embuste da espécie segundo o qual o indivíduo, desse modo, serve "crendo ao contrário servir-se a si mesmo". A contracepção e os próprios métodos de controle dos nascimentos baseados na caracterização dos dias fecundos do ciclo feminino levaram o primeiro golpe: são a mulher e o homem que decidem se fazer amor inclui ou não a possibilidade de fazer um filho. Hoje já não é mais necessário fazer amor para conceber um filho. Mais: pode-se ver, controlar e literalmente produzir o início da vida.

A fecundação assistida *in vitro* é atualmente uma prática difundida em todo o mundo. Depois de Louise Brown, dezenas de milhares de seres humanos começaram a viver em uma proveta. Muitos embriões, uma vez transferidos para o útero, não chegaram a implantar-se. Mas essa é a vida que, mesmo quando tudo acontece "segundo a natureza", está continuamente sendo perdida. Muitos permanecem congelados nos frigoríficos, com um destino – este, sim, verdadeiramente inquietante – de suspensão entre o nada e a vida, a maioria das vezes simplesmente à espera de serem jogados fora. Mas, quando tudo vai bem, é uma pessoa igual a nós que nasce. Trata-se, então, de distinguir três diversas ordens de problemas.

O primeiro diz respeito aos procedimentos que, como facilmente se imaginaria, se assemelham e se diferenciam:

– o método mais tradicional é a FIVET (*Fertilization in vitro with embryo transfer*), que prevê a indução de uma ovulação múltipla por meio de um tratamento hormonal, a sucessiva coleta de um número variável de óvulos que são colocados com os espermatozoides em um meio apropriado de cultura e, enfim, uma vez acontecida a fecundação, a transferência para o útero materno;

– a ICSI (*Intra-cytoplasmic sperm injection*) consiste na microinjeção de um único espermatozoide diretamente dentro do óvulo feminino. Nascida para remediar os problemas de hipofertilidade masculina, é hoje, uma técnica muito utilizada;

– a GIFT (*Gamete intra-fallopian transfer*) é um método atualmente abandonado, que merece ser recordado pelo fato de ter sido elaborado como solução intermediária entre a inseminação e a verdadeira fecundação artificial: os óvulos são coletados da mesma forma que para a FIVET e depois introduzidos nas trompas junto com os espermatozoides, de forma que a fecundação possa acontecer na sua sede natural.

Não se trata, como se poderia talvez pensar, de questões meramente técnicas, porque é precisamente o tipo de procedimento seguido que pode determinar a produção dos assim chamados embriões "supranumerários": pode-se coletar e fecundar mais óvulos do que aqueles cujo implante se tentará depois, inclusive para evitar submeter novamente o organismo da mulher ao penoso tratamento de estimulação do ovário. O congelamento dos embriões, ou seja, daquele início da vida humana que tem a potencialidade intrínseca de se tornar uma pessoa, "congela", entretanto, para muitos, uma parte da sua dignidade e coloca um sério problema moral. Para superá-lo, foram desenvolvidas técnicas de crioconservação dos óvulos, além dos espermatozoides, com o objetivo de realizar a fecundação só no momento em que isso se torna efetivamente necessário.

O segundo bloco de problemas refere-se ao que se poderia chamar de sorvedouro da experiência da parentalidade na esfera dos interesses e do poder. O limite de uma intimidade respeitada é sentido por muitos como uma margem de segurança, porque garante a circularidade entre vida de casal baseada no amor e experiência da paternidade e maternidade responsáveis. Esse limite foi desgastado em uma dupla direção. A necessidade de que existam leis para regular o que acontece nos laboratórios pode ser tida como uma invasão da política e no direito do lugar até então inacessível no interior do qual começa uma vida: não se trata apenas dos conflitos de reconhecimento dos quais já nos ocupamos aqui e que voltam quando se discute o que seja justo fazer com os embriões remanescentes nos laboratórios, mas também, por exemplo das dúvidas em relação à necessidade de considerar esse tipo de intervenção, como parte integrante do direito à tutela da saúde e, por isso, a cargo e às custas do serviço sanitário público, onde ele existe.

Efeitos ainda mais desestabilizadores para a simbologia da procriação, pode ter o desvio dessa medicalização da concepção

---

Nota do Editor: A lei em vigor na Itália previa, com a mesma finalidade, um único e simultâneo implante de *todos* os óvulos fecundados, até um máximo de três, mas exatamente essa norma foi recentemente declarada ilegítima pela Corte Constitucional.

por meio de práticas sempre mais estimuladas e nas quais sempre mais vasta e ambígua se torna a sobreposição entre dinâmica do desejo e lógica do *business*: mães acima dos sessenta anos, espetacularização da ginecologia como virtuosismo, ambiguidades facilitadas pela falta de regras. É significativo que, justamente da frente cultural das mulheres, tenham chegado algumas das críticas mais ásperas a uma manipulação do seu corpo, que poderia tornar-se a última metamorfose da lógica de exploração, quando não uma verdadeira "tecnorrapina". O preço do "direito" de ter um filho a qualquer custo e através de qualquer meio, na verdade, corre o risco de se tornar muito alto, talvez porque é o vocabulário mesmo da instrumentalidade que aqui parece inadequado. A técnica que abre a passagem que prolonga, no acontecimento sempre irrepetível da procriação, todas as contradições, as generosidades, mas também, os egoísmos do *nosso* mundo. Por isso, ao menos alguns limites parecem necessários.

Partindo da constatação de que está para nascer uma pessoa como nós, os questionamentos mais importantes concentram-se sobre as recaídas da concepção em proveta no horizonte que condicionará aquela vida. O impacto sobre o modelo tradicional de parentalidade é grande. A fecundação *in vitro* permite na verdade as mais diversas combinações. Será homóloga ou heteróloga, conforme os gametas provenham do casal que quer ter um filho, ou se é buscado o recurso de um doador. E isso torna obviamente possível também a mulheres solteiras satisfazer esse desejo. Falar-se-á de maternidade sub-rogada quando outra mulher oferecer ao casal o próprio útero, gratuitamente ou mediante pagamento, para o implante e a sucessiva gravidez. Os embriões "abandonados" poderão ser "adotados" por outros. E assim por diante. O confronto se estabelece em cima essencialmente de duas questões.

A primeira é a do direito à identidade. Felizmente, a adoção é, na maioria dos casos, uma experiência bem sucedida de amor, mesmo se parentalidades biológica e social nela estão separadas. Para os mesmos pais adotivos coloca-se, porém, o problema de "dizer a verdade" ao filho. A fecundação heteróloga acrescenta a essa responsabilidade, o risco da assimetria que ela cria entre os dois genitores, um só dos quais é chamado a sustentar o peso da separação entre biológico e afetivo. Sem contar que por trás de uma adoção há sempre a premissa de um sofrimento vivido que se espera aliviar, enquanto aqui escolhe-se conscientemente criar uma condição que o indivíduo, uma vez crescido, poderia sentir como um trauma ou um dano. A escolha de prever que ele tenha o direito de saber quem era o genitor biológico não resolve o problema e apresenta previsíveis contraindicações a partir do fato de a falta do anonimato funcionar normalmente como não incentivo às doações.

Junto com o modelo natural da procriação – e passamos assim à segunda questão – desfaz-se o modelo da família centrada nas figuras de *um* pai e *uma* mãe. Para alguns, esta é a única relação capaz de garantir bases sólidas à ordem das procriações. Para outros, não é possível estabelecer prioridades de valor entre as experiências de amor e de vínculo nem mesmo em vista do acolhimento e da educação de uma criança. É de qualquer forma importante, do ponto de vista conceitual e para os efeitos na perspectiva do respeito aos direitos, ter bem distintos esses dois aspectos. Não se trata de um juízo sobre a qualidade da relação enquanto tal, sobre seu significado para a vida das pessoas, e muito menos sobre as orientações sexuais que assim se manifestam. Trata-se simplesmente de avaliar, *só em vista do interesse do filho como elo mais frágil*, se deve ou não ser confirmada a tradicional presunção a favor da procriação por parte de casais heterossexuais e monogâmicos. Casais, porque é bom que o filho não tenha um só modelo parental. Heterossexuais, porque a ausência de bipolaridade naquilo que constitui o modelo, a experiência original da relação obriga, obviamente, a repensar em termos todos culturais a noção mesma de fecundidade, com êxitos que muitos consideram problemáticos. Mas também porque poderia se tornar mais difícil e condicionar, mesmo que só para obstinados preconceitos culturais, o processo de socialização que vem em seguida. É um fato que o consenso para o reconhecimento jurídico das uniões homossexuais tenda sempre a ser maior que seu direito de adotar filhos ou o de ter um graças às técnicas de procriação assistida. Casais monogâmicos, enfim, porque assim consolidam-se na criança o sentido de estabilidade e a certeza concretamente "consolidada" de uma responsabilidade plena e direta em suas confrontações.

Pode ser fácil rebater que esses argumentos são fruto de uma tendência a sobrecarregar de significados morais os fatos naturais e que o homem é tal, justamente enquanto capaz de superar e até contradizer, violar a natureza, de menosprezá-la para construir sua liberdade. A fecundação *in vitro* é, na verdade, um exemplo dessa liberdade e se trataria apenas de deixar que o tempo faça o seu trabalho, possibilitando elaborar modelos antropológicos à altura dessas novas oportunidades. A família nuclear ocidental é o resultado de processos culturais e de circunstâncias históricas: permanecerá provavelmente por muito tempo o lugar dos afetos e da vida "privada" da maior parte das pessoas, mas não há nada de estranho em constatar que, próximas a ela, crescem outras experiências: famílias ampliadas, homossexuais, monoparentais.

Qualquer que seja a solução sustentada, essas dúvidas confirmam a absoluta centralidade antropológica da procriação.

A dignidade da pessoa é a dignidade de relação, e o modo pelo qual uma nova vida é chamada à existência é a pedra-de-toque de comparação dessa abertura. Existe aqui uma responsabilidade que não pode ser contornada. Pode-se discutir a colocação e a altura dessa barreira à satisfação do desejo, mas não se ela deva ser posta: estão de qualquer forma garantidas as *melhores* condições ambientais e afetivas nas quais uma criança possa crescer e ser encaminhada a uma existência autônoma e, por sua vez, responsável. Pelo menos agora, um aprofundamento ulterior de três temas parece indispensável:

a) a questão da diferença sexual, que pode ser considerada uma variável irrelevante a partir de sua conquistada irrelevância em relação à responsabilidade de acompanhar uma nova vida ou manter seu tradicional valor normativo a partir da experiência "unidual" de dar a vida com o outro e no outro;

b) o problema do dom como elemento constitutivo da humanidade que queremos ser. Mesmo desse ponto de vista, o modo como damos a vida tem o valor de uma síntese exemplar: pode-se considerar um bem procurar dar às pessoas aquilo que desejam se isso não causa danos a outros e, ao mesmo tempo, não querer esquecer o sentimento de admiração e de gratuidade que deveria sempre acompanhar o nascimento de um filho;

c) o compromisso do vínculo, em relação ao qual se pode escolher ou recusar que a continuidade das gerações deva reger-se preferencialmente pela promessa de uma fidelidade duradoura, a que chamamos família.

A diferença sexual, o dom e o vínculo expressam-se de modo natural na união de um homem e uma mulher abertos à vida. Mas isso não basta, evidentemente, para considerar a natureza material do ato exaustiva do significado propriamente moral dessas dimensões. E talvez nem mesmo – recorde-se agora o exemplo da adoção – como a condição necessária de uma solicitude e de uma responsabilidade sinceras e grandes para com nossos filhos. Que devem continuar obviamente a serem os protagonistas e não os objetos daquilo que fazemos.

SEXTA TESE

A eugenética

Hoje já é possível selecionar indivíduos mais saudáveis, e em breve se poderá, quem sabe, fazer vir ao mundo homens e mulheres mais inteligentes e mais bem dotados e até melhores. Em laboratório se protegeriam e se aperfeiçoariam assim os indivíduos e a espécie. A manipulação de uma predisposição genética, mesmo "para o bem", não equivale, porém, à orientação de uma atitude por meio do exercício físico ou de um percurso educativo. O caso da natureza da qual emerge a liberdade de todo ser humano é um limiar de igualdade que é arriscado ultrapassar.

Quimera era o monstro morto por Belerofonte, segundo a tradição da antiga mitologia grega, retomada por Homero no sexto livro da Ilíada: leão, cabra e dragão (ou serpente), ou seja, animais diversos, três cabeças e um único corpo. Há tempos, o ciborgue é protagonista de várias histórias de ficção científica: em parte homem e em parte máquina, com a força e a fria precisão da segunda, mas também com o lampejo inefável do sentimento e às vezes até a dúvida de um afeto. Há quem sustente que a fantasia esteja próxima de se tornar realidade, que verdadeiramente a técnica estará logo em condições de criar uma humanidade nova, ou ao menos, qualquer coisa que será de tal forma tão inovadora, a ponto de ser definida até mesmo como pós-humana, transumana. Na *Introdução* da edição de 2003 da *Encyclopedia of Bioethics*, exatamente esta eventualidade é indicada como um dos dois desafios, junto ao cruzamento com a lógica do *business*, que decisivamente ampliaram o horizonte da bioética como estudo das dimensões morais das ciências da vida e do cuidado com a saúde. Francis Fukuyama, em um artigo publicado um ano depois na revista "Foreign Policy", fala disso como a ameaça mais grave para a humanidade, que colocaria em risco valores fundamentais, a começar pelo da igualdade.

É verdade que foram estabelecidas as condições para infinitas combinações do genoma humano com o dos animais: gametas e outras células de espécies diversas estão à disposição nas mesas dos laboratórios e podem ser misturados à vontade. É verdade também que a bioengenharia conquista rapidamente novas fronteiras em sua capacidade de substituir órgãos do nosso corpo por próteses e congêneres artificiais que funcionam sempre melhor e por mais tempo. Poderia não estar longe o dia em que já não será necessário pensar nos porcos, que parecem ser os animais mais compatíveis a essa finalidade, para oferecer uma alternativa a um coração humano para quem tem necessidade de um transplante. Mas não devemos temer acordar ao improviso em um mundo no qual o nexo inseparável entre corpo e liberdade foi absorvido na imagem de um corpo artificial, construído e controlado por outros como instrumento e meio de sua vontade. Absolutamente fora do horizonte do que é tecnicamente possível, está o nascimento de um minotauro, ao invés da realização do sonho do doutor Frankenstein.

O verdadeiro desafio, até este momento, não é, na verdade, o da *superação* da espécie, mesmo porque algumas barreiras diante das hipóteses mais chocantes parecem difíceis de derrubar. É quase unânime a recusa da clonagem entendida como procedimento destinado a fazer vir ao mundo um ser humano com a mesma bagagem genética de outro, assim como a recusa da tentativa, mesmo se única, do encaminhamento de gravidez com embriões-fantasia. Dentro ou no máximo às margens dos limites de espécie que foram traçados pela evolução, o tema é mais o do *aperfeiçoamento* do ser humano naquelas características úteis para incrementar suas capacidades e fazer esperar para ele ou para ela uma vida mais longa e com boa saúde. Ou, coisa evidentemente bem diferente, para satisfazer quem se volta para a medicina, para fazê-los vir ao mundo e os quereria "na medida" do seu desejo.

Há duas estratégias, com perspectivas, amplitude e também perfis de problemáticas diversas. A primeira é a da seleção. Estamos, por exemplo, em condição de saber, através do exame do DNA, se um indivíduo desenvolverá, com certeza, ou apenas com um elevado grau de probabilidade determinada doença. Selecionar significa simplesmente eliminar, porque não se supõe que uma vida naquelas condições valha a pena ser vivida, ou porque, como é mais fácil acontecer em situações que estão sempre cercadas do mais absoluto respeito, não se sente ali condição de colocar no mundo e governar um sofrimento tão grande. A segunda estratégia é a da pura intervenção aperfeiçoadora, que pode, entretanto, ser levada a efeito por diversos modos e com diversos fins. A Convenção de Oviedo, de 1997, sobre os direitos do homem e a biomedicina, que vetou explicitamente a introdução de modificações no genoma dos descendentes, a outra possibilidade teórica de intervir no DNA, mudando o destino das gerações futuras, admite-a por razões "preventivas, diagnósticas ou terapêuticas". O que é o mesmo que dizer com um limite bem preciso: a cura.

Firmemo-nos nesse primeiro nível de intervenção. Selecionar tecnicamente é muito mais simples que corrigir e manipular. Em ambos os casos, todavia, o objetivo pode ser o de evitar uma doença. Um objetivo evidentemente desejado por todos, e em relação ao qual, entretanto, do ponto de vista moral, os dois procedimentos não se fundem. Não encontrando, em consequência, igual consenso. Conseguir curar o embrião ou o feto, evitando para o indivíduo que nascerá macroscópicas deficiências ou a ameaça iminente de uma grave doença, é um resultado pelo qual todo empenho é certamente bem despendido. Com a seleção, ao contrário, quando não é possível curar, suprime-se, não permitindo que a vida aconteça.

A diagnose já não é, hoje, apenas pré-natal, e pode acontecer até antes do implante de um embrião concebido em proveta. A vantagem desse procedimento[*] parece evidente: no caso de um casal que sabe-se estar geneticamente "em perigo", pode-se, fecundar mais óvulos simultaneamente e encaminhar para a gravidez apenas os que se apresentaram sadios, antes de se recorrer a um aborto. Podem existir maiores incertezas com a diagnose pré-implante (em termos de porcentual de erro e de risco para o concebido), mas, se a vontade é de não ter um filho doente, o resultado não muda.

Essa procriação "com reserva" parece inaceitável para muitos. Há depois o problema do seu limite, cuja definição será amplamente influenciada pelo modo com o qual a cultura é difundida e como cada indivíduo entende a experiência do sofrimento ou da deficiência. Estamos à beira de uma ladeira escorregadia e temos de ter consciência disso. Excluem-se da vida as patologias que resultariam incompatíveis com ela, a síndrome

---

[*] Nota do Editor: Na Itália, a proibição por parte da lei que atualmente regula a matéria, foi objetivo de grande polêmica.

de Down, ou simplesmente uma predisposição a desenvolver, um dia, um tumor? E quão grande deve ser, neste último caso, a probabilidade? Quanto deve pesar a perspectiva de que, daqui para frente, possam ser descobertas novas e talvez definitivas terapias? Em suma: podemos, verdadeiramente, considerar o esforço de não deixar uma doença "nascer" como a fronteira definitiva entre o nosso empenho contra ela e o valor da solidariedade que, devido a ela, expressamos?

A ampliação da possibilidade de escolha e da responsabilidade em relação à doença e à deficiência não é naturalmente a única consequência dos novos conhecimentos sobre o código da vida. A seleção de um embrião pode ser feita em vista dos interesses de outras pessoas e, nesse caso, o "valor" do fim torna-se uma variável importante do juízo, mesmo ficando no fundo a questão das vidas que, nesse processo, são deliberadamente perdidas. Pode servir para fazer nascer o irmãozinho de uma criança que morrerá se não se encontrar a tempo um doador compatível de medula. Mas pode servir também para ter uma menina depois de quatro meninos, ou um outro menino quando ninguém, por tradição, "deseja que seja menina".

Igualmente delicadas são as responsabilidades da decifração do genoma ligadas às oscilações econômicas e sociais. A *Declaração universal sobre o genoma e os direitos humanos*, aprovada por unanimidade pela Conferência geral da UNESCO em 1997, estabelece que o mesmo "em seu estado natural não pode dar lugar a ganho" e exatamente enquanto estrutura portadora da dimensão universal da dignidade: "O genoma subentende a unidade fundamental de todos os membros da família humana [...]. Em sentido simbólico, ele é patrimônio da humanidade". E para proveito imediato de toda a humanidade, sem reservas de propriedade intelectual e patentes, deveriam caminhar as novas conquistas do saber nesse campo. O outro cruzamento perigoso, do ponto de vista dos direitos, é o da possibilidade de um uso impróprio, e em clara violação do princípio de igualdade, do conhecimento do DNA de um indivíduo. Também essa eventualidade corre perigo toda vez que se distancia do objetivo estritamente terapêutico. Um teste preventivo pode servir para desenvolver políticas sanitárias mais eficientes e programadas. Mas pode tornar-se o instrumento para "expropriar" o indivíduo de seu patrimônio genético e transformá-lo em um bem mensurável e monetizável, como todos os demais. Quer se trate dos requisitos para um posto de trabalho ou do prêmio de um seguro de vida. Em bioética, infelizmente, o fio que separa a tutela e a promoção do homem de sua discriminação é particularmente muito sutil.

A eugenética pode, todavia, ser proposta com uma feição sinceramente liberal e renunciar à postura seletiva em seus aspectos mais odiosos, em primeiríssimo lugar, o da discriminação sexual. Pode-se justificar, a essa altura, uma prática manipuladora que ajuste a liberdade do homem de planejar a vida, também em suas bases imediatamente biológicas, somente a um rigoroso respeito pelo limite do dano, isto é, à obrigação de não condicionar *negativamente* o futuro do indivíduo que virá? Devem ser consideradas lícitas as intervenções com a finalidade de lhe potencializar as qualidades para aumentar a dotação dos talentos com os quais partirá para a corrida na vida e procurará ser feliz? Aqueles que consideram a "antropotecnologia" a simples continuação, com instrumentos mais eficazes, do trabalho cotidiano do homem sobre si mesmo e sobre outros para melhorar a vida de todos, com certeza respondem positivamente: finalmente – esta é a sua conclusão – a humanidade pode tomar em suas mãos o destino da evolução, arrebatá-lo do acaso e estender àquilo que era pura "natureza" a extraordinária capacidade da técnica de reduzir a fadiga, os perigos da existência.

A crítica mais conhecida a essa posição é a de Habermas e, na linha de sua argumentação, realizou-se uma significativa convergência entre diversas tradições, talvez definitivamente desviadas na avaliação de outras questões, a começar pelo aborto. A eugenética põe, de qualquer forma, também na sua versão mais "humanitária" e imune de todo desvio de classe ou, pior ainda, de raça, um sério problema de igualdade. E esse é um princípio ao qual, na eventual comparação com uma estratégia de aperfeiçoamento, se pode e talvez se deve continuar a dar a prioridade. O princípio do reconhecimento entre iguais é comprometido a partir do momento em que se junta às intenções de terceiras pessoas ao patrimônio genético de um indivíduo, o patrimônio que vem antes de toda realização com os outros e é "dado" de modo irreversível. A pessoa assim programada, não se saberá simplesmente dependente da natureza, igualmente cega diante de todos, mesmo se não igualmente generosa pelas diferenças impressas em seu corpo ou pelos dotes de sua inteligência: outros homens o fizeram "objeto", e essa assimetria da liberdade, diferentemente das econômicas, sociais e culturais, não seria recuperável. Há uma diferença substancial, sob esse aspecto, entre o treinamento do atleta ou o processo da educação e uma manipulação genética. E não importa se esta última é pensada e efetivamente funciona "para o bem". Em suma: o caso ao qual nos colocamos como guardiões da igualdade que queremos. Não diferentemente tanto para um liberal quanto para quem sustenta a ideia da sacralidade da vida.

O problema crucial se torna assim o de nossa maneira de conceber a liberdade, e é nessa perspectiva que o desafio da eugenética encontra o tema do limite do corpo em torno do qual se manifesta abertamente, com bem outras finalidades, também o horizonte do pós-humano. Confrontam-se aqui duas sensibilidades diversas e distantes. Pode-se considerar a liberdade como pura e simples irrupção do possível, aconteça o que acontecer. Ou considerar que sua "contaminação" com o corpo permanecerá de qualquer forma inevitável ou ainda reverter esse condicionamento em limitação. A condição pela qual a natureza que está em nós é um elemento essencial para a posse de si, para nosso sentir, autores indivisos da nossa existência. Que por isso seja respeitado como margem de segurança do humano indisponível. Mesmo agora que se tornaram possíveis as intervenções que colocam em questão e, por isso, corroboram esse pré-requisito desde sempre espontâneo da nossa autocompreensão.

A contingência da base de partida é indispensável para se assumir uma responsabilidade verdadeiramente *exclusiva*, justamente porque naquilo que só a natureza faz, não há responsabilidades. É óbvio que isso vale para as condições das quais depende diretamente o modo pelo qual podemos "pegar na mão" a nossa vida, como por exemplo, os fundamentos do desejo. Nessa perspectiva, pode, porém, tornar-se importante, pode ser bom, que até a cor dos olhos seja deixada ao acaso. Um autor como Hans Jonas fala da "surpresa de existir". As religiões reconheceram nessa contingência um mistério diante do qual ajoelhar-se. Todos, cada um a seu modo, podem pensar o corpo de acordo com o duplo eixo de significado que lhe guarda o pedaço de humanidade que o artificial jamais poderá substituir. O corpo é aquele ao qual sempre cuidamos, vestimos e talvez manipulamos com tatuagens ou furos para mostrar em nossa carne *quem* queremos ser. Mas somos o que somos porque é o corpo que deve ser ao mesmo tempo o acontecimento, o limiar simplesmente dado daquilo que não pode ser reduzido a meio.

SÉTIMA TESE

A pesquisa e as células-tronco

> *Numerosos cientistas sustentam que por meio da pesquisa sobre células-tronco, obtidas pela destruição de embriões, seja possível chegar à cura de graves doenças. O dilema que se coloca é inevitável. Um embrião que poderia tornar--se uma pessoa é reduzido a meio, matéria disponível para os fins daqueles que já são pessoas. O fim, entretanto, é o mais nobre entre os confiados ao avanço do conhecimento e, em particular, da medicina: a tutela da saúde, uma vida mais longa e mais serena para todos os homens. Aqueles para os quais a vida humana tem, a qualquer momento, o mesmo valor, são evidentemente obrigados a buscar e propor caminhos alternativos e propô-los. Todos têm o dever de levá-los a sério.*

Experimentar significa, inequivocamente, reduzir ao meio aquilo ou aquele sobre o qual se pesquisa. O objetivo pode ser o incremento do conhecimento, a averiguação de uma hipótese, a certificação da eficácia e da segurança de um remédio. A medicina não pode evitar a experiência em seres humanos, porque este é o último passo necessário antes de poder concluir, por exemplo, que uma terapia funciona sem efeitos "colaterais" inesperados e graves.

A medicina, portanto, parece não poder curar os homens, senão, depois de ter usado pelo menos alguns deles como meio. A ética médica, que tem ainda presente na memória – e nunca deverá esquecê-las – as aberrações nazistas, está em linha de frente na consciência de que aqui estão em jogo os direitos fundamentais de cada indivíduo: as *regras* da experiência converteram-se em banco de prova exemplar da efetiva capacidade de nossas sociedades, de cuidar com intransigente firmeza do valor da autonomia e da integridade pessoais e do valor da justiça. Assumiu particular importância a exigência de um compartilhamento, em nível internacional, e com tendência a ser universal, de seu conteúdo e do controle de seu respeito, precisamente para que se cuide do homem sem distinção de sexo, raça, povo, religião ou qualquer outra característica. E as responsabilidades particulares da pesquisa ocupam, por esse motivo, um espaço importante em documentos como as *Normas de boa prática clínica*, aprovadas em 1996 pela Conferência internacional sobre a harmonização, e a já citada Convenção de Oviedo, até chegar ao *Relatório* sobre o tema do "consenso", colocado em destaque em 2007 pelo Comitê internacional de bioética da UNESCO.

É em torno deste último, com efeito, que foram consolidados alguns critérios gerais: a verificação da validade científica do projeto dentro do qual acontece a pesquisa; a avaliação da relação risco/benefício; a assunção de responsabilidades pelas curas médicas, que se devessem tornar necessárias, e sua eventual indenização. Há sempre a prioridade do consenso formado para levar a excluir, sempre que possível, o recurso aos menores de idade e a pessoas com uma capacidade de alguma forma reduzida, de entender e de querer. É, contudo, importante também ampliar o seu significado. Uma mera "autorização para" não modificar a natureza substancialmente coisificante do processo. Isso pode acontecer só no momento em que a responsabilidade é requerida e obtida com base em um verdadeiro envolvimento moral orientado para o afeto, para o bem, possível e desejado, para aquele "terceiro", que talvez, desse modo, será curado e salvo. Aqui se oferece como meio porque é e continua uma pessoa que se *quer* protagonista, *partner* de uma relação de doação.

A experiência em pessoas é uma questão de ética médica. Torna-se um problema de bioética em sentido estrito quando o seu objeto são os animais ou os fetos e embriões, isto é, aquelas formas de vida que se encontram "no limite" do reconhecimento da plena dignidade do humano. Evidentemente, até mesmo o transplante de órgãos "explora" um corpo em benefício de outra vida. E, em consequência, ao menos entre vivos, ou é vetado ou submetido a restrições rigorosíssimas: somente se a qualidade da vida do doador não fica comprometida (a medula, no máximo um rim) e, como norma, apenas entre consanguíneos (casos em que pode ser pressuposta a gratuidade). A transformação da doação dos próprios órgãos em puro "comércio" é recusada por Declarações, Cartas dos direitos e Convenções internacionais. Se falamos do coração, não falamos mais de transplante de pessoa viva, com base no reconhecimento de se encontrar claramente no limiar da morte. Muitos países têm unificado suas leis com os critérios estabelecidos pela Comissão de Harvard, presidida por H. Beecker, e publicados, em 1968, no "Journal of American Medical Association": é considerado "morto" o indivíduo no qual cessaram irreversivelmente *todas* as funções cerebrais, e, assim, são considerados transplantes de cadáveres, os efetuados em tais condições.

Na verdade, não há unanimidade em aceitar essas conclusões, que devem ser avaliadas ou por meio de conhecimentos científicos mais aprofundados ou pela evidência intuitiva da dificuldade de considerar morto um corpo no qual ainda bate o coração ou que, como aconteceu concretamente, pode levar adiante uma gravidez. Continuará, em todo caso, um corpo no qual o processo do morrer já esteja quase cumprido e quando muito diminuído pelas máquinas. Aqui, verdadeiramente, trata-se apenas de superar um obstáculo, sendo, portanto, razoável pensar que essa superação seja moralmente legítima e, quem sabe, até devida. Compete então, em cuidar e definir as modalidades de aplicação do princípio do consenso, ou seja, se deve ser explicitamente concedido ou negado. Voltemos agora à experiência. Os constantes assaltos aos laboratórios, onde vivem e morrem animais como cobaias, colocam um problema análogo àquele que deve ser enfrentado toda vez que se decide sacrificá-los para fins humanos importantes e em si dignos. O caso dos embriões é diferente, porque o conflito está no fato de dever ou não ser reconhecida a cada um deles a dignidade das pessoas, isto é, daqueles que, simplesmente, não devem nunca ser tratados como meio.

A controvérsia mais gritante, que funciona como pedra-de-toque de comparação dos problemas que se apresentam nesta área da pesquisa científica, está relacionada às células-tronco. Trata-se de células que se caracterizam por sua prolongada capacidade de dividir-se, dando origem tanto a outras células-tronco idênticas à "mãe" quanto a células "progenitoras" de todas aquelas que constituem as diversas partes do nosso organismo. São, em suma, células não "especializadas", que têm em si o "poder" de transformar-se e que são definidas como onipotentes, pluripotentes ou multipotentes, segundo a sua capacidade de dar origem a todos os tipos de células diferenciadas ou apenas a um número de alguma forma limitado delas.

As células-tronco aumentam extraordinária esperança de cura: exatamente porque delas se podem tirar células sanguíneas, nervosas, musculares; exatamente porque elas podem reproduzir os vários tipos de células do órgão no qual naturalmente se localizam, e são enxertadas ou transplantadas (infundidas), a sua utilização abre perspectivas até há pouco inimagináveis para todas aquelas situações nas quais um trauma ou uma patologia degenerativa comprometeram de maneira muito grave um órgão ou uma função. O sucesso, infelizmente, não é visível e certo. É preciso *pesquisar*, experimentar, começar a usar essas células para verificar as suas potencialidades teóricas. Mas, de onde se retiram as células-tronco? As "fontes" distinguem-se, essencialmente, do ponto de vista da problemática e, portanto, da avaliação moral, em dois grupos.

A) Os embriões que contêm as células-tronco por excelência: células indiferenciadas que darão origem a todos os diversos órgãos e tecidos. A coleta acontece no estágio de blastocisto – por volta do quinto dia depois da fecundação – e comporta a sua destruição. A fecundação *in vitro* é a premissa óbvia desse procedimento e oferece até a possibilidade da assim chamada clonagem "terapêutica". O método é o mesmo que ficou célebre por meio do nascimento da ovelha Dolly. Introduz-se o núcleo de uma célula, tirada, por exemplo, da pele de um indivíduo, em um ovócito por sua vez privado do próprio núcleo, e aciona-se neste ponto o processo normal de multiplicação celular. A diferença em relação à clonagem "reprodutiva" é justamente que o objetivo não é sempre o nascimento de um indivíduo com a mesma carga genética do "genitor", mas a disponibilidade de células-tronco, possíveis de ser utilizadas pelo próprio doador, sem riscos de rejeição.

B) Tecidos e órgãos de indivíduos "adultos", nos quais se encontram células-tronco em condição de regenerá-los e, de acordo com alguns cientistas, de se transformarem também em progenitoras de outros tipos de células, demonstrando assim certo grau de multipotência. Sua coleta não causa danos ao organismo do "doador", que pode até ser o próprio objeto do ulterior tratamento ou experiência (fala-se, nesse caso, de células-tronco autólogas). Por isso, sua utilização não cria problemas de natureza moral, assim como não cria a utilização de células retiradas do cordão umbilical depois do parto, ou de fetos sobre os quais não tenha sido praticado um aborto voluntário. Trata-se, também nesses casos, de células adultas.

Grande atenção, pois, logo conquistaram os estudos mais recentes sobre a verdadeira "reprogramação" de células sempre adultas, que seriam assim reconduzidas a uma condição indiferenciada análoga à condição típica das células-tronco embrionárias. Para essas células "pluripotentes induzidas" tem-se falado de um tipo de "terceiro gênero" de células-tronco capazes de superar os questionamentos postos pelo uso das células embrionárias sem dever renunciar à sua peculiar plasticidade. O entusiasmo que acompanhou essa descoberta deve ser medido pelo fato de os primeiros sucessos nesse "rejuvenescimento" terem sido obtidos introduzindo no DNA das células utilizadas dos oncogenes (genes cancerígenos), ou seja, genes potencialmente capazes de gerar uma transformação tumoral. Mas a pesquisa prossegue, e alguns resultados já publicados por autorizadas revistas científicas legitimam ao menos a esperança de poder superar esse problema.

A questão moral é clara. *Se ao embrião deve ser reconhecida a dignidade da pessoa, então a sua destruição corresponde a um ato de gravidade comparável à supressão de uma vida humana em qualquer outro momento de seu desenvolvimento e de sua existência "entre a concepção e a morte".

Para os que sustentam que a capacidade de sentir e de sofrer seja o critério mínimo do respeito, o problema não existe, e os cientistas não só poderão, mas deverão, dada a importância do "bem" da saúde que aqui está em jogo, trilhar todos os caminhos que possam levar a um resultado. Até quem está disposto a reconhecer um valor à vida humana que começa, mas não o valor pleno da pessoa, chega facilmente à mesma conclusão. O direito à vida – para usar o vocabulário forte dos direitos de Dworkin – é o coringa, a carta mais alta do jogo, aquela que prevalece qualquer que seja o valor da carta de outro naipe que se encontra sobre a mesa. Se apenas quem nasceu, e não quem foi concebido, goza de maneira inviolável desse direito, todavia só a vida de quem nasceu nunca poderá ser reduzida a meio, nem tampouco ser "tirada" daquilo que é a essência da saúde de outros. Quando se fala do embrião joga-se sem coringa, e o cuidado que se deve ter por ele não poderá senão crescer quanto maior for o diferencial da vida tirada. O diferencial aqui é o máximo possível: de um lado a batalha contra verdadeiros flagelos da humanidade; de outro, uma vida que apenas começou, que está ainda tão longe da pessoa a ponto de ser exatamente "só" a de um embrião.

Esse conflito é gritante, sobretudo para quem obviamente considera o bem da saúde importante tanto quanto o é para todos os demais e, no entanto, sente que sobre o outro prato da balança está já em sua totalidade o bem do respeito incondicionado da vida humana. O único modo de superá-lo é o de subtrair-se da lógica da vida tirada. É possível? Talvez sim. Os únicos protocolos terapêuticos atualmente consolidados e já em condição de salvar tantas vidas são os que curam leucemias e linfomas com células-tronco *adultas*. Os próprios cientistas que se dispõem, sem hesitação, a utilizar livremente até aqueles embriões, afirmam que essa pesquisa é de alguma forma indispensável também para fazer avançar a pesquisa moralmente não controversa, mas não podem comprometer-se em antecipar a certeza de que serão as células-tronco embrionárias, e elas somente, que curarão determinada patologia, em garantir a regeneração desse ou daquele tecido do nosso organismo. Quando o fazem, cometem um erro de precipitação semelhante ao erro de quem promete que tudo poderá ser feito, se o fizer, com as células-tronco "boas".

Não é possível superar a divergência em torno ao estatuto do embrião. Trata-se de entender se estamos interessados ou não em valorizar as perspectivas e, antes ainda, os comportamentos que podem contribuir para neutralizá-lo até onde é possível. Promovendo estudos sobre células-tronco pluripotentes induzidas que, como a versatilidade de alguma forma presente em muitas das células adultas, ou ainda os estudos sobre diversas modalidades de coleta, podem reduzir ou realmente eliminar a utilização da destruição dos embriões. Articulando, inclusive, nessa perspectiva, a relação custo-benefício com a qual é avaliada toda pesquisa. Verificando, por meio da experiência com animais, sempre anterior à experiência com humanos quando se trata de um remédio, a possibilidade de superar ao máximo as maiores dificuldades no uso das células embrionárias, como por exemplo, a de "controlar" eficazmente e sem riscos a sua proliferação. Mas talvez também, da parte de quem considera de alguma forma que tudo isso seja um mal, enfrentando o problema das dezenas de milhões de embriões crioconservados em todo o mundo e para os quais já não existe uma *chance* concreta de vida. Não impedir esse sucesso das práticas de procriação assistida significa, quem sabe um pouco hipocritamente, deixar que o problema se reproduza ao infinito. Se a lei já não permite produzir mais embriões além daqueles que se tentará implantar no útero da mãe, adquire provavelmente um significado diverso até a proposta de destinar para a ciência os que já existem.

Em nenhuma outra questão bioética, talvez, seja tão difícil apostar. E disso é preciso que se esteja consciente. Na Instrução da Congregação para a Doutrina da Fé sobre a dignidade da pessoa, em coerência com a tradição do magistério católico, define-se como "gravemente ilícita" a coleta de células-tronco do embrião, porque causa sua destruição, há um longo parágrafo dedicado ao uso de material biológico "de origem ilícita". Uma precisa e clara separação entre quem produz, congela e faz morrer os embriões e os pesquisadores que desenvolvem o estudo, não é considerada suficiente "para evitar uma contradição no comportamento de quem afirma não aprovar a injustiça cometida por outros, mas ao mesmo tempo, aceita para o próprio trabalho o "material biológico" que outros conseguem mediante essa injustiça". Poucas linhas à frente, porém, acrescenta-se que esse rigor intransigente não se aplica no caso, por exemplo, de um "perigo para a saúde das crianças". Os pais estão autorizados a utilizar vacinas preparadas com a utilização de linhas celulares de proveniência moralmente ilícita, "continuando inflexível o dever por parte de todos de manifestar o próprio desacordo a respeito e de pedir que os sistemas sanitários coloquem à disposição outros tipos de vacinas". É evidente que o rigor da argumentação foi aqui sacrificado por uma exigência de humanidade. Um produto está no mercado simplesmente porque é "procurado" e usado. Na expectativa de remédios "lícitos", a única maneira de evitar que os ilícitos *continuem* a ser produzidos é não comprá-los. Ao se fazer isso, porque de outra maneira nossos filhos morrerão, assume-se aqui a correspondente cota de responsabilidade pelo "mal" que será repetido. E essa responsabilidade pode somente ser sentida e sofrida como uma contradição, que se remove tendo-se a coragem de sustentar o ponto de vista até o fundo. Ou admitindo que aquilo que se faz é, sim, um mal, mas o mal menor. Poder-se-ia argumentar com mais precisão que isso vale apenas se tratando de crianças que não podem decidir por si mesmas, mas que um adulto teria a obrigação de perder a *própria* vida para dar testemunho em favor de um valor inegociável que, do contrário, não seria dessa forma. Já essa exceção, no entanto, sugeriria respeito – com a condição de que se empenhe seriamente em buscar uma alternativa – por quem nesse meio tempo não encontrou nada melhor para salvar seres humanos.

OITAVA TESE

O direito de se deixar morrer

> A garantia de uma assistência sanitária de qualidade é parte integrante do direito à vida. É verdade, entretanto, que justamente a medicina, lutando contra a natureza para prolongar o tempo que nos resta, pode ultrapassar a medida além da qual essa luta perde o seu sentido, tornando-se assim uma inútil obstinação. Quem avalia se esse momento chegou? Quando todas as palavras e todos os gestos de solidariedade, quando todos os atos de uma apropriada profissionalidade esgotaram-se, e o que sobra é muito breve, muito doloroso de suportar, é justo que quem sofre, possa pedir que lhe seja permitido ir. Porque simplesmente renuncia a continuar resistindo, ou porque se abandona à vontade de Deus, e não porque foi deixado só com o seu sofrimento. Deixar morrer, a esse ponto, não significa fazer morrer.

A medicina zela pelo bem da saúde e, ao trabalhar sobre um corpo, toma cuidado de uma vida que é um tecido complexo de relações e esperanças, orientação para um sentido, liberdade até diante da doença e da morte. Até por isso, para a definição de suas formas e de seus objetivos contribuem hoje de maneira determinante os dois princípios que foram impostos como os pilares da cultura dos direitos: a justiça e a autonomia (conceito que pede o de autodeterminação, mesmo não coincidindo com ele).

Lembrar que na medicina estão em jogo inderrogáveis questões de justiça, significa lembrar que dela depende diretamente o direito à vida, a condição que torna possível qualquer outro significado e valor da existência humana. Essa consciência prossegue com desafios em um mundo no qual, milhões de pessoas morrem a cada ano de doenças que, nas sociedades desenvolvidas, foram erradicadas ou são curadas com um simples comprimido. As margens da desigualdade "tolerável" parecem aqui, deveras muito estreitas, e a contradição ameaça o futuro dos próprios países ricos, nos quais, geralmente ao natural dever da solidariedade, junta-se uma exata obrigação constitucional. Também na Itália, o cuidado com a saúde é reconhecido como "fundamental direito do indivíduo e interesse da coletividade", e, entretanto, aqui como em outros lugares, o efeito combinado do envelhecimento da população, da redução dos recursos disponíveis e dos custos das novas terapias faz baixar os níveis de assistência e de universalização dos benefícios aos quais se está habituado. É importante não esquecê-lo, porque a justiça, ao menos desse ponto de vista, na verdade á anterior à autonomia como simples autodeterminação. O próprio artigo 32 da Constituição que há pouco citei, explicita no *segundo* parágrafo, isto é, *depois* do direito de ser curado, o direito de não ser obrigado "a determinado tratamento sanitário", com exceção daqueles casos em que a lei prevê essencialmente a tutela do interesse público (as vacinações, por exemplo), porém, sem que isso comporte um prejuízo para a saúde de quem está sendo "obrigado". O primado da justiça reforça o nexo que incide entre a medicina e a defesa da vida.

O princípio de autonomia tem sido, ao contrário, o princípio catalisador do declínio do paradigma paternalístico de uma profissão que, por longo tempo, permaneceu centrada sobre o exercício do privilégio do conhecimento e da autoridade, e que requeria aos pacientes, simplesmente "obediência às prescrições". Quem se dirige a um médico tem direito a uma informação ampla, precisa e sincera sobre o seu estado de saúde, sobre as perspectivas e sobre as alternativas de cura. Trata-se da *sua* vida, e o que ele pensa e deseja não pode deixar de ser decisivo para a escolha daquilo que será feito. Não porque isso deva ser entendido como um *contrato*, mas antes no sentido de uma *aliança* na qual não se negocia um bem: faz-se frente comum para proteção do mais importante. É nesse contexto que pode acontecer um curto-circuito entre o dever do médico, de empenhar ao máximo todos os seus recursos diagnósticos e terapêuticos, e a liberdade do paciente de decidir, não *se* é possível continuar a viver, mas se isso *vale a pena*. Não é, em absoluto, um problema novo. Thomas Morus, no início do século XVI, previa que, na cidade ideal de sua *Utopia*, um doente incurável e já "inapto a qualquer trabalho", pudesse decidir por não prolongar a "peste funesta" desse sofrimento e libertar-se de uma vida tão amarga a ponto de se ter tornado insuportável, *ou* consentir que outros o fizessem. Além do suicídio e do suicídio assistido, há, também, a possibilidade de uma desistência consciente. Falamos disso, mesmo quando falamos de eutanásia? O nome, com efeito, abrange situações e práticas, suscita emoções muito diversas para funcionar eficazmente como um indicador da reflexão. É melhor, então, examinar de maneira mais clara as duas interrogações que abrem para as questões sobre as quais concretamente existem confrontações e divisões.

1. *Pode um indivíduo pedir que o deixem morrer?*

Também a técnica tem o seu lado obscuro. Quase ninguém morre hoje de modo "natural", e quando isso acontece, encontramo-nos a chorar uma morte imprevista e talvez prematura, um acontecimento para o qual os médicos não puderam fazer nada, simplesmente porque não o fizeram a tempo. A luta da medicina é, em última análise, uma luta contra a natureza para que a morte ao menos não chegue tão depressa, e os nossos sucessos devem-se a uma técnica cada vez mais sofisticada e eficaz, que *entra* em nosso corpo para curá-lo. É verdade, porém, que, agindo assim, pode terminar por apoderar-se dele, prolongando ao extremo uma existência que, para a pessoa à qual ela pertence, já não tem outro significado senão o de uma "peste funesta". E a recusa da desenfreada busca terapêutica, da mesma forma que o direito à vida do nascituro, aparece nesse ponto, destinada ao papel do princípio sobre o qual todos estão de acordo e do qual se tiram as consequências mais diversas, porque não se está de acordo sobre quando comece e qual deva ser a "medida" de sua tutela. Pode-se, quem sabe, tentar desacomodar-se, com a condição de que o objetivo seja limitado por um razoável consenso sobre as condições em que é moralmente compreensível que nos resignemos ao destino ou à vontade de Deus, sem logo entrar no mérito do que a lei pode ou não permitir a um indivíduo plenamente capaz de entender e de querer. As duas questões são distintas. Definindo, antes de tudo um contexto, e privilegiando, em relação à lógica da regra, a do acompanhamento para a morte.

Chega-se ao contexto integrando o conhecimento de que não é possível fixar de maneira unívoca o limiar de onde a luta termina, porque cada um reconhece de *seu* modo quando não há mais sentido em ir adiante, com o conhecimento de sentirmos de alguma forma, enfraquecer-se o dever de resistir, à medida que o corpo perde sua capacidade de ser transparência da dignidade e torna-se um obstáculo cada vez mais opressivo, uma camisa de força e de dor da consciência, assim como, quando já não percebemos a voz desta última. Quando todas as emoções e a beleza da vida são recordações de uma mente presa a uma máquina, ou muito empenhada em sofrer para poder ainda gozar a vida, ou ainda simplesmente quando essas emoções já desapareceram, absorvidas pela escuridão de um estado vegetativo. É nessas condições que se torna inevitável questionar se não seria mais justo deixar que a natureza siga o seu curso. Até quem desloca a linha da renúncia para a imediata possibilidade da morte, como fazem aqueles que veem na vida antes de tudo um dom de Deus, sente a seriedade dessa pergunta e não pode deixar de respeitar quem a faz.

Não existem, de qualquer modo, regras por meio das quais definam de uma vez por todas quando tenha chegado o momento da renúncia. A morte é mais humana e no fundo mais serena quando permanece guardada nos relacionamentos que deram sentido à vida e a protegeram: os próprios entes queridos, naturalmente, além do médico ao qual se está confiado. Essa intimidade é salvaguardada, para que nela até o deixar morrer seja a possibilidade de um deixar-se partir como último ato de liberdade e não como consequência de um abandono. Sobretudo nos casos extremos, são fundamentais os gestos e as palavras "penúltimas" que sustentam uma pessoa e continuam a lhe dar alegria e vontade de viver. Surge a dificuldade de considerar a autodeterminação, a resposta a todos os problemas da ética médica e da bioética, até ali, onde é da própria vida que se decide. A doença é, em si mesma, uma condição de maior vulnerabilidade. Torna-se assim, em particular, quando se começa a pensar que o fim se aproxima, e sente-se, com intensidade, o corpo mais fraco, esvaziado das energias e do encantamento que normalmente nutrem as energias e o encantamento da liberdade. *Esta* facilmente passa a ser a condição do medo, da solidão, na qual o próprio controle de si, a vontade pode começar a vacilar. Para não falar das pressões que o contexto econômico, social e, por fim, o hospitalar poderiam exercer sobre o doente, condicionando--o a deixar-se morrer. Ter firme a lógica da união, respeitar os tempos do acompanhamento e não dissolver os laços de relacionamento são passos determinantes para evitar que a doença converta a autodeterminação em sujeição.

Mas, nos casos extremos, uma vez dito tudo isso, é justo que, quem sofre possa ter a última palavra. Até porque não se aplica aqui o princípio na base do qual, para um médico *não* fazer aquilo que se poderia (a eutanásia passiva), é, além de juridicamente, moralmente equivalente a fazer o que não se deve, quando se trata do uso ordinário de meios perfeitamente adequados ao escopo de salvar a vida do paciente. Não se usa de todos os meios para tirar do paciente seu último fio de vida, mas o gesto de refrear a qualquer custo pode dar lugar ao gesto da despedida. Como têm ensinado as religiões.

E se o médico sustenta "em ciência e consciência" que não há obstinação, mas um cuidado necessário, pois que proporcional, e a morte não parece iminente? Se os parentes insistem para que se faça ainda alguma coisa, mesmo quando a pessoa que sofre pede renúncia? A moral não pode se valer das certezas da física. É possível que alguém decida muito depressa dizer ao seu médico: "agora basta". É possível que não se compartilhe os motivos pelos quais ele o diz. Como aconteceu que pacientes aos quais foram suspensas as terapias, porque "nada mais havia a fazer", tomando a decisão com os filhos, porque parecia não ser possível fazê-lo com eles, depois de alguns dias, puseram-se a comer sozinhos. Quando se está próximo das condições "de limite" da vida, essa margem de incerteza é inevitável. Também por isso, quando seja possível, é moralmente preferível que a escolha seja do indivíduo, em sua liberdade. Em outras situações (pense em uma mulher, numa sala de parto, que recuse uma transfusão de sangue por motivos de fé), quando o que não é aceito é um tratamento "salva-vida", e o deixar que a pessoa morra, corre o risco de mais assemelhar-se a um suicídio; é difícil "ficar esperando", sobretudo para um médico ciente que não pode fazê-lo. O conflito moral torna-se insuperável, e o direito tem necessidade de intervir com precisão. (Voltaremos a falar sobre isso). Quem *não* o faz poderia ser acusado justamente de assistência ao suicídio. A eutanásia seria passiva, mas nem por isso menos culpável. A questão mais delicada, antes de enfrentar este outro nível do discurso, é, no entanto, a da ideia de que tal situação justifique até o pedido para desligarem o último aparelho, de que se faça morrer e não só de deixar-se morrer.

2. *Pode um indivíduo pedir para ser morto?*

O suicídio, *de fato*, é sempre uma possibilidade da liberdade, com exceção dos casos extremos, nos quais o indivíduo perdeu toda capacidade de usar o próprio corpo como instrumento de sua vontade. Outra coisa é perguntar se isso deva também valer *de direito*, como alguma coisa que é devida ao indivíduo e que, nesses termos, é garantida pela lei. Antes ainda, todavia, é necessário perguntar-se sobre o que essa escolha implica em relação ao modo pelo qual entendemos o sentido profundo do relacionamento entre as pessoas, da experiência da comunidade da qual tal escolha pede para ser considerada um momento possível. E já nesse nível surgem algumas grandes perplexidades.

O significado mais imediato de *communitas* é aquele que a opõe a "próprio" e, assim fazendo, indica a experiência de uma partilha, de uma troca recíproca pela qual os indivíduos veem assegurada, no cumprimento do próprio dever (*munus*), entre outros, a própria identidade e segurança junto à identidade e segurança de todos. *Communio* é também o trabalho do *communire castra*, do fortificar as defesas à espera dos inimigos que virão. Mas, a primeira e fundamental defesa é a da vida. O primeiro e fundamental dever é o de "não matar". Ao menos de não matar o próprio irmão, porque assim fazendo, nenhuma comunidade é possível. Não existe alternativa a esse pressuposto: é sobre o recíproco reconhecimento do direito à vida que se rege a experiência de uma sociedade de indivíduos que se aceitam como iguais na sua dignidade de seres humanos.

Mas, não é isso, poder-se-ia argumentar, que está em questão. Trata-se, mais simplesmente, de considerar a ajuda a uma pessoa que sofre além do limite que julga poder tolerar, como uma expressão, certamente extrema e paradoxal, exatamente daquela solidariedade, daquele *sofrer* que é o outro lado do *prover* "com" os outros. É verdade que mesmo nesse caso, não se pode excluir a exceção ao princípio. E poucos provavelmente atirariam a primeira pedra contra aquela mãe que depois de anos de martírio, compartilhado com um filho imóvel no leito e quiçá com reduzida capacidade de sentir e de comunicar, ajuda-o a acabar-se de vez. Mesmo que seja apenas uma intuição de que essa possa ser sua vontade. Mesmo que se faça isso apenas porque, *nesse ponto*, julgue-se que essa seja a única maneira de lhe querer bem. Contudo, o princípio parece difícil de ser ser enfraquecido.

O poder de *fazer* morrer é um poder que comporta muitos riscos. Demonstram-no justamente aqueles países que tendo adotado a eutanásia ativa, foram obrigados ao mesmo tempo a adotar severíssimos controles para tranquilizar os cidadãos em relação a possíveis abusos. A morte, para tornar-se "doce", torna-se obstinadamente burocratizada, e o respeito à dignidade se fecha no rigor de um procedimento. E na esperança de que seja sempre respeitada. Corroem-se talvez muito profundamente as barreiras de segurança sobre as quais construímos nossa trama simbólica do dia a dia do "comércio" com os outros, mesmo se sobre o duplo e inalienável pressuposto de um repetido, consciente pedido e de um grave sofrimento. Pode não ser suficiente dizer que isso vale só "para quem compreensivelmente não aguenta mais". Corre-se o risco de que essa margem de compreensão possa ser escorregadia. Se essa ajuda deve vir dos médicos, como parece inevitável para assegurar a eficácia e o profissionalismo, pede-se a suspensão do *múnus* de defesa da vida, exatamente àqueles aos quais esse é confiado com uma responsabilidade maior e delicada. E, então, essa responsabilidade realmente corre o risco de parecer muito grande para poder ser regulada. Significativamente é o que lemos no manual de T. Beauchamp e J. Childress, o mais reconhecido entre os manuais de ética médica publicados nos últimos trinta anos: o reconhecimento de casos particulares nos quais poderiam existir "suficientes razões morais para justificar o assassinato por piedade e o suicídio assistido" não autorizaria de forma alguma reivindicar uma revisão dos códigos deontológicos e das orientações públicas. O princípio geral do respeito pela vida humana não pode ser enfraquecido.

NONA TESE

As disposições antecipadas

> *Que poderemos pedir aos outros para o momento em que não estivermos mais em condição de expressar a nossa vontade? Com um testamento, dispomos dos nossos bens depois da nossa morte. Mas aqui, trata-se da maneira pela qual ser acompanhado a morrer. Portanto, a vida ainda existe. E existe a sua dignidade. A vontade da pessoa continua o critério de referência, mas com o especial cuidado que lhe é devido toda vez que se encontra em uma condição de particular dependência e vulnerabilidade.*

Testamento biológico; diretivas, declarações ou instruções antecipadas; *Living Wills*, segundo a expressão usada nos países anglo-saxões. São maneiras diversas para indicar o mesmo instrumento e a mesma exigência: "manter" as condições da aliança terapêutica quando a vontade do paciente não se manifesta mais e sobrariam só o médico e eventualmente os familiares para decidir. Propõe-se essa exigência, evidentemente, como a consequência direta e coerente do paradigma pós-paternalista da medicina, concentrado sobre o princípio da autonomia e, portanto, sobre o respeito da vontade da pessoa não menos que da *lex artis*, ou seja, das boas normas da profissão. O indivíduo, para não ficar exposto ao risco de, no futuro, passar por tratamentos que julga incompatíveis com o valor que atribui à sua existência e à sua dignidade, indica, *de uma vez por todas*, o que poderá ou não poderá lhe ser feito. A falta de tal instrumento não deve ser necessariamente interpretada como uma demora na plena aplicação do novo paradigma, uma brecha através da qual a vontade de outros volte inevitavelmente a apoderar-se de seu corpo – ao menos naquelas situações em que uma doença ou um acidente reduziram o indivíduo a um estado vegetativo ou, de algum modo, de gravíssimo comprometimento das próprias capacidades. A relação entre um paciente e quem toma cuidado dele é uma aliança e não um contrato. Em um relacionamento desse gênero, as avaliações objetivas que se tornam um vínculo deontológico para o médico facilmente têm o consentimento do interessado. Há, além disso, uma rede de confiança que normalmente se estende até os familiares e as outras pessoas que lhe são próximas. A autodeterminação, como vimos, corre o risco de reduzir-se a um simulacro vazio da dignidade sem esses diversos canais de suporte profissional e humano. Ao passo que, quando esses canais são fortes, pode acontecer de nem se sentir tão imperiosamente a necessidade de "deixar dito" aquilo que se quer.

O primeiro e fundamental problema, mais uma vez ainda, não é de testamento, mas de *acompanhamento*. O testamento é um ato revogável com o qual o indivíduo pode dispor dos próprios bens para quando deixar de viver. É por isso, impróprio usar o termo neste contexto, não pela abstrata polêmica sobre a possibilidade de considerar ou não a própria vida como um patrimônio, bem disponível, mas pelo simples fato de o "tempo" do qual se fala, não ser o mesmo que aquele no qual quem dispõe estará morto. É o tempo no qual a pessoa está ainda em nosso meio, certamente mais frágil e, portanto, mais carente que antes. Em algumas culturas, é tão importante a primazia da confiança que a forma escrita de um ato público seria considerada uma violação da própria base da relação entre o paciente e o médico. Provavelmente porque nessas culturas o paradigma dominante é ainda o paternalista, talvez imposto pelas condições econômicas e sociais. Talvez, ainda, ao menos em parte, devido a uma composição diferente dos elementos dos quais dependem o bem e a serenidade geral do paciente.

Na aliança terapêutica, entretanto, quando deve ser dita a última palavra, devem existir razões excepcionais para impedir que ela seja dita pelo paciente. E as mais comuns são justamente as ligadas a uma reduzida capacidade de entender e de querer. Eis porque é desejável que uma pessoa possa antecipar sua vontade em relação a tudo o que julga importante para si. Eis porque é indispensável que sobretudo para certos conteúdos, essa declaração assuma a forma de compromisso, e por escrito, por parte daquele que se *dispõe* enquanto se encontra "na plena posse das próprias faculdades". Esse instrumento poderia, com efeito, ser atualmente utilizado por um indivíduo em condições normais de saúde para especificar a quais tratamentos *não* quer ser submetido. Mesmo quando isso devesse significar abreviar uma vida que pretende não ser mais defendida com a mesma determinação. E um médico poderá, em consequência, encontrar-se em uma situação análoga à situação determinada por um paciente que recusa um tratamento salva-vidas. É necessária uma lei para estabelecer se ele pode "continuar esperando". Torna-se inevitável a forma pública, exatamente válida diante da lei, do ato pelo qual se deixam essas disposições. Disposições e não simples declarações, destacando que, por princípio, a vontade do paciente deveria ser respeitada.

As disposições antecipadas servem porque essa vontade já não pode ser interpelada diretamente. Isso comporta, de qualquer forma, alguns problemas a serem levados em conta e que impõem cautelas especiais. Não se trata de decisões tomadas em uma situação *vivida*, mas justamente antecipadas para uma situação *imaginada*. A mesma avaliação da obstinação por parte do interessado, contudo, aparece no seu sentido próprio como uma avaliação situada; na responsabilidade compartilhada da aliança terapêutica; na experiência concreta que faz amadurecer as suas condições. Uma pessoa pode naturalmente indicar suas preferências sobre maneiras com as quais ser acompanhada no momento da necessidade e da doença; sobre as intervenções diagnósticas e terapêuticas, mas também sobre o contexto do tratamento sanitário em si, para que, em relação ao ambiente, se dê preferência ao doméstico e não ao hospitalar, antes até que se cuide de uma eventual assistência religiosa. Mas já não poderá expressar-se no momento em que devesse de fato estar na situação de viver as circunstâncias que havia imaginado e que poderia até só *sentir* (posto que, de fato, não esteja mais em condição de julgar) de maneira diferente. Para não falar do caso de a ciência poder ter encontrado, nesse meio tempo, outras e mais eficazes curas, que, enfim, as circunstâncias enquanto tais poderiam já não ser as mesmas. Mesmo só por esse motivo pareceria mais oportuno limitar-se a falar de declarações, de uma orientação que à própria pessoa interessa deixar aberta à interpretação de quem procurará trabalhar para o seu bem. No espírito de suas indicações, simplesmente porque não é possível um respeito obstinado à letra.

A frente mais delicada de dificuldades é exatamente essa. O interessado não poderá evidentemente expressar-se sobre a maneira como dosar uma terapia, porque isso requer o conhecimento de parâmetros clínicos, que só será possível *naquele* momento. Que dizer, porém, da recusa definitiva de tratamentos específicos? A possibilidade de "dizer não", como disse, deveria incluir todos aqueles tratamentos sobre os quais um paciente qualquer pode pedir que seja respeitada a sua vontade: exames diagnósticos; operações cirúrgicas; cuidados farmacológicos, incluídos aí os paliativos da dor; utilização de maquinários como suporte das funções vitais; reanimação em caso de parada cardiorrespiratória. A esses, com particular referência aos casos de estado vegetativo persistente, deveriam talvez juntar-se alimentação e hidratação artificiais, tanto quanto requerem de alguma forma uma assistência médica. Parece poder valer também aqui aquilo que na Itália é reconhecido, pela constituição e pela jurisprudência, pelo art. 35 do Código de deontologia médica, que a elas foi adaptado: "Em todo caso, na presença de documentada recusa de pessoa capaz, o médico deve desistir".* Mesmo se, do ponto de vista da avaliação estritamente moral, pode ser problemática a legitimidade dessa escolha.

Mas é justamente a *presença* que não existe. Para avaliar se foram cumpridas as condições previstas pelo interessado para a recusa de uma intervenção salva-vidas, não há nem pode haver senão terceiros. Sobre eles pesa, por exemplo, a gravíssima responsabilidade de estabelecer o quanto esteja avançada a perda das faculdades. Quando se cessará de pedir ao paciente o que ele quer, para recorrer às indicações daquilo que ele queria? Não pode ocorrer, quem sabe, o risco de considerações que pouco têm a ver com o zelo por seu bem funcionarem como acelerador da desistência e do próprio

---

* Nota do Editor: Na legislação brasileira nenhuma forma de eutanásia tem amparo legal, constituindo-se em homicídio.

abandono? É por isso que alguns sustentam que o respeito pela pessoa passa por uma atitude mais indefinida que a simples aplicação de uma vontade que a pessoa não pode verificar *aqui e agora*. Verificação em que aparece a condição mínima, se a questão é de vida ou de morte. Daí uma ambiguidade que, por sua vez, se torna inevitável objeto de controvérsias. O artigo 9 da Convenção de Oviedo estabelece que "os desejos expressos com antecedência a propósito de uma intervenção médica, por parte de um paciente que, no momento da intervenção, não está em condição de expressar sua vontade, serão levados em consideração". Mas o que quer dizer *levar em consideração*? Existe ainda ou não existe mais uma obrigação de intervenção diante de iminente perigo de vida? O documento aprovado sobre esse argumento, no fim de 2003, pelo Comitê nacional de bioética, opta pelo "caráter não (absolutamente) vinculante, mas ao mesmo tempo não (meramente) orientador" dos desejos do paciente. O consenso é fácil quando se trata de levar em conta a impossibilidade de executá-los mecanicamente, avaliando-lhes antes a atualidade "em relação à situação clínica" e "aos eventuais desenvolvimentos da tecnologia médica ou da pesquisa farmacológica". Mas se há, em um contexto jurídico que reconhece normalmente essa possibilidade a um paciente, um tratamento que a pessoa *absolutamente* recusa?

Evidentemente, não se pode anular a distância entre a decisão e a situação. Pode-se tentar atenuá-la. Seria útil, até para não tornar pesados demais esses documentos, distinguir uma tipologia de caráter por assim dizer geral, limitada às indicações sobre as consequências de acontecimentos que causem uma perda imprevista e imprevisível da capacidade de querer (como acidentes ou hemorragias cerebrais), da tipologia mais específica relativa a uma patologia que já está em andamento, e que já é então algo real , e sobre a qual o paciente pode ser informado pelo médico de modo mais detalhado e adequado. Esse segundo tipo de disposição estará mais próximo das condições ideais da relação paciente-médico. Uma pessoa em boas condições de saúde se limitará ao primeiro. É também possível prever que *alguém* nos represente, interpretando a nossa vontade junto ao médico. O "administrador de apoio" introduzido na Itália, com uma lei de 2004, é aquele que, levando em conta "necessidades e aspirações do beneficiário", em determinado momento empresta a sua voz à "pessoa que sob efeito de uma enfermidade ou de uma diminuição da capacidade física ou psicológica, se encontra na impossibilidade, mesmo parcial ou temporária, de prover aos próprios interesses". Os dois corretivos, das disposições "apontadas" e de um fiduciário, podem naturalmente ser aplicados juntos e, nesse caso, as primeiras funcionarão de alguma maneira como limite da discricionalidade do segundo.

Por fim, de qualquer modo, restará o problema do caráter vinculante ou orientador das disposições. Que se restringe aos tratamentos que a pessoa declara não querer aceitar de forma alguma. A alternativa parece clara. Pode-se negar essa possibilidade, o que significa transformar a possibilidade do paciente incapaz de entender e de querer em uma condição na qual a última palavra cabe a outros. Para quem pensa que o paciente não possa nunca deixar-se morrer, senão quando a morte está já de alguma forma próxima, que o médico não possa nunca deixá-lo sem a assistência ordinária e proporcionada para garantir a sua sobrevivência nas melhores condições possíveis, trata-se simplesmente do corolário de um princípio geral. Para quem, ao contrário, mesmo negando que exista um direito de fazer-se dar a morte, sustenta que deva ser garantido o direito à recusa das curas, seria uma contradição não estendê-lo também a esta situação. Mas, isso poderia significar, por exemplo, deixar sem antibióticos um doente de Alzheimer com uma infecção banal, se assim ele se tivesse expressado. Pode-se não reconhecer nisso a premissa emotiva do abandono? Não existe um rasgo moral reclamando aquilo que muitos sentem diante de uma pessoa que prefere morrer a sofrer a amputação de um pé? E que ela ao menos pretende isso tendo a lúcida consciência daquilo de que vai ao encontro?

A resposta do direito, com maior razão, deverá ser clara e não tentar seguir os milhares de meandros da casuística. Parece inevitável manter aqui um cuidado suplementar pelo bem da vida e, por isso, também uma margem mais ampla de discernimento para o médico, os familiares e eventuais curadores. Isso não quer dizer necessariamente que tudo o que se declara servirá somente como orientação e que, assim, ao fim das contas, nada acabará *cumprido* na verdade. Pode significar aceitar que o verdadeiro vínculo a renunciar, a *não* realizar, funcione só em casos extremos e fáceis de reconhecer, ou quando de fato se está no limiar da morte. Se a consciência, a vida de relacionamento e, por fim, a sensibilidade do tempo parecem sugadas pela escuridão de um estado vegetativo, pode-se talvez pensar em respeitar a vontade daquele que tinha disposto que mais *nada* fosse feito para mantê-lo, que não mais lhe dessem sequer uma alimentação que tenha necessidade de tubos, enfermeiros, médicos. Mas será, de qualquer forma, difícil aplicar um critério análogo a uma pessoa que uma comissão de peritos julgou incapaz de entender e de querer, e que, não obstante isso, vemos sentir, sofrer, esticar uma mão, repetindo o mais elementar gesto de carinho. Em uma situação desse gênero, típica das demências senis, e que envolve um número infinitamente maior de pacientes, a uma recusa antecipada deveria provavelmente corresponder uma clara *obrigação* de desistência total de tratamentos como a reanimação, a utilização de máquinas para o apoio a funções vitais e as intervenções cirúrgicas invasivas além das terapias particularmente penosas para patologias como as de natureza oncológica ou de êxito por demais precário. Garantindo em todos os casos, obviamente, a necessária assistência paliativa. Ninguém, aliás, pode ser obrigado a abandonar as suas disposições. E se não o faz, o médico permanecerá fiel ao seu dever de defender a vida. Mas cada um deve poder fazê-lo. Na esperança de que se abafem os clamores ao redor de corpos que se tornam matéria de controvérsias violentas e periodicamente travadas em todas as sedes judiciais, políticas, culturais e midiáticas. A esses corpos, a essas vidas humanas, é devida antes de tudo e de todos a *piedade*.

DÉCIMA TESE

A biopolítica

> As leis sobre as matérias bioéticas são necessárias. Isso faz parte da vida e da morte, isto é, da base mesma do pacto social. Por isso mesmo, os efeitos do pluralismo e de seus conflitos tornam-se bastante dilacerantes: divide-nos quanto à ideia de humanidade que queremos ser, sobre a possibilidade que realmente nos seja um bem "comum" a ser protegido. A solução é buscada por meio dos instrumentos da política e do direito, mas também na renovada consciência de seu limite.

O aborto é permitido por lei em grande parte dos países do mundo. Em alguns é hoje possível até a eutanásia em sua forma moralmente mais problemática: a morte de um doente que o pede porque acha que sua situação é insuportável e sem esperança. O direito abriu importantes espaços de liberdade ou, quando se prefere, de disponibilidade da vida, espaços que muitos consideram irrenunciáveis, enquanto para outros trata-se ao contrário de escolhas inaceitáveis. O modo pelo qual o direito agiu assim, em todo caso, não permite concluir que a vida é considerada por isso um bem apenas "privado". Tanto quando termina, quanto quando começa.

La *Roe v. Wade*, como já lembrei, reconhece um grande direito à *privacy* somente para os primeiros três meses. Passado esse tempo, outras exigências desempenham um papel cada vez mais importante e, "em determinado ponto", torna-se predominante o interesse do Estado, não só para proteção da saúde da mulher e para garantia dos padrões médicos, mas também para tutela da vida pré-natal. Não são – frise-se bem – eventuais direitos do nascituro, mas, explicitamente, uma obrigação de atenção do Estado de poder e dever limitar a autodeterminação da mãe. É esse o questionamento crucial sobre o qual concentrou-se o juiz Rehnquist na *dissenting opinion* que opôs ao parecer da maioria: está ou não em jogo um fundamental interesse "público" nas escolhas que se relacionam ao início da vida? Esse interesse poderia talvez ser considerado como imediato reflexo jurídico do respeito que devemos àquele que deve *ser* para querer e, no querer, demonstrar-se *livre*. A vida de um indivíduo humano é de qualquer forma um bem a ser protegido, porque é o pressuposto de toda dinâmica de reconhecimento entre iguais.[*]

A decisão de colocar em um sistema o "direito" à eutanásia, como direito a obter que alguém *faça* morrer, não é entendida, nos países onde foi adotada, como o reconhecimento de um verdadeiro direito de morrer. A disponibilidade de fato pela própria vida, sobre a qual o suicida exerce sua vontade, é e continua, por norma, uma responsabilidade extrajurídica, em relação à qual as leis simplesmente se calam. Interessam-se por ela, não por acaso, para sancionar a *assistência* a um ato que não pode de alguma maneira ser incluído

---

[*] Nota do Editor: O primeiro artigo da lei italiana sobre a interrupção voluntária da gravidez afirma que o Estado, ao garantir o direito à procriação consciente e responsável, reconhece ao mesmo tempo o valor social da maternidade e "zela pela vida humana desde o seu início".

na lógica da relação: o "dar a morte" corta-lhe a raiz, e as instituições sociais e políticas existem em vista da continuação da vida, não podendo nunca ser concebidas – como concluía eficazmente Herbert Hart, um dos maiores filósofos do direito do século XX – como um clube de suicidas. As leis "da eutanásia", consequentemente, são sempre articuladas como exceções ao caso tratado do homicídio daquele que consente, cuja gravidade penal, além de moral, permanece intacta. E é por isso que essas leis são inevitavelmente criteriosas ao especificar as condições processuais e substanciais que tornam "não punível" o ato médico que põe fim aos sofrimentos de um paciente. A dúvida é se isso pode de algum modo ser um passo muito largo, não que seu objetivo seja de transformar os médicos em anjos da morte.

Diego Gracia escreveu que o "biodireito sem a bioética é cego, e a bioética sem o biodireito torna-se vazia". Essa afirmação é acolhida em toda a sua grandeza. Às leis sobre o início e o fim da vida fica presa ao menos uma parte do bem que queremos: a "substância" desse relacionamento coincide com os princípios que justamente porque dão à vida seu colorido de fundo, transformam-se no tecido conectivo também de uma cidadania compartilhada. Eis porque, entre outras coisas, busca-se incluir esse eixo simbólico nos atos que se queriam constitutivos de uma identidade política. Um exemplo emblemático é o da Carta dos direitos fundamentais, proclamada em Nizza, em dezembro de 2000, pela União Europeia. A primeira seção, dedicada à dignidade, abre-se com as tradicionais chamadas à sua inviolabilidade e ao direito à vida (que inclui o decreto da pena de morte). Mas, o terceiro artigo pode ser considerado inteiramente "bioético" e inclui, com o princípio do consenso informado, a proibição de uma série de práticas: a eugenética, a redução do corpo humano em fonte de lucro, a clonagem reprodutiva.

A política, em suma, é necessariamente biopolítica. Desde sempre, porque o primeiro e fundamental bem que pedimos que a autoridade proteja é o da vida. Hoje, de modo particular, porque é aqui que se descarregam os efeitos, talvez, mais explosivos do aumento de poderio do aparato de saber e de poder conseguido pelo progresso científico. A ausência de regras, que não existem simplesmente porque até ontem não existiam esses problemas, deixa descobertos em primeiro lugar os sujeitos mais frágeis, e pode criar as premissas de novas fragilidades e discriminações.

Há, no entanto, dois modos de entender a biopolítica e, consequentemente, o biodireito. O primeiro é o descrito com eficácia por Foucault. O homem não é mais como o era para Aristóteles e que por milênios permaneceu o mesmo: um animal dotado de determinadas características e qualidades, e, pois, *também* um animal político. A política, graças aos aparatos institucionais e de poder dos Estados modernos e aos instrumentos disponibilizados pela técnica, pode apoderar-se da raiz mesma da vida, tornando-se um exercício de domínio absoluto. E o corpo do homem transforma-se então em objeto de mecanismos e de dispositivos de controle sempre mais invasivos, para paralelamente reforçar as funções de utilidade e, por que não, de docilidade. A biopolítica, em suma, não serve necessariamente à causa da liberdade quando impõe leis sobre como se nasce e como se morre, quando regula o acesso à assistência sanitária, acende ou apaga dessa maneira a esperança de uma vida mais longa e serena. E não a serve, podemos acrescentar, nem mesmo quando é entendida como o instrumento para aplicar autoritariamente uma ética, um sistema de valores que uma parte significativa da comunidade política sente como uma violência à própria consciência.

E, todavia, repito-o, há necessidade da política e do direito, antes de tudo quando a vida parece mais vulnerável, à mercê do jogo de composição dos interesses e das vontades que podem, em alto e bom som, reclamar seus direitos. Trata-se, porém, de uma política e de um direito que aceitam seus *limites*. Que reconhecem que nem todas as coisas são inteiramente disponíveis, nem mesmo pela vontade de uma maioria. Este é o passo crucial, porque é exatamente nesse ponto que as posições parecem divergir: não sobre *se* esse limite deva ser posto para, no mundo, não ser reduzido a uma dimensão do totalitarismo ou da teocracia, mas sobre *como*.

De uma parte, existem aqueles que mesmo considerando simplesmente impensável uma liberdade absoluta do indivíduo, porque só regulando-a é possível assegurar a todos o seu exercício, tendem a traçar o limite em torno do princípio de autodeterminação. A imposição de obrigações ou de proibições sobre escolhas das quais dependem os valores essenciais, sobre os quais construímos a nossa identidade pessoal e o nosso projeto de vida, parece incompatível com a noção de dignidade que é a coluna da cultura da democracia e dos direitos. As leis devem, portanto, ser "leves", o mais possível respeitosas dessa esfera íntima dos direitos, dos afetos, do querer ser a gente mesmo diante da própria morte ou da responsabilidade de gerar uma nova vida.

Encontramos também os que sustentam – partindo da premissa de que estamos falando, neste caso, do bem cuja proteção é o fim de todo "contrato" político – que o limite não pode ser senão o de um direito natural mínimo. Não se trata de um dogma de fé e, portanto, de uma hipótese da qual seria possível livrar-se simplesmente invocando o princípio da laicidade do Estado. Sobre a ideia de que existem pelo menos algumas verdades "elementares" que dizem respeito aos seres humanos, a serem respeitadas porque delas dependem as bases mesmas de uma convivência ordenada, convergem de fato tradições diversas. John Locke, um dos reconhecidos pais do pensamento liberal, não tinha dúvidas ao declarar o mesmo poder da maioria ao vínculo da "norma eterna", que vale para os legisladores tanto quanto para todos os homens. E, para Locke, eterna era exatamente a norma que delimita a área de respeito da vida, da liberdade e da saúde (além dos bens e da propriedade). Não é verdade que as diferentes interpretações do limite da política são inconciliáveis. As declarações dos direitos humanos representam precisamente a tentativa de colocar, como premissa de todo ordenamento jurídico, um vínculo de justiça, uma condição irrevogável de respeito cuja finalidade é a de impedir que a política se desfigure a si mesma, em prepotência sobre qualquer bem e valor. E não é verdade nem mesmo que isso obrigue necessariamente a compromissos metafísicos pesados demais, ou puramente religiosos, sobre a essência imutável da nossa espécie. Exatamente uma Declaração como a promulgada pelas Nações Unidas em 1948, não por acaso quando diante da humanidade estavam ainda os escombros da segunda guerra mundial, demonstra como a própria história sedimenta e, às vezes, impõe, com a evidência das suas falências, um emaranhado de princípios que os indivíduos percebem de alguma forma constitutivos de *sua* liberdade, e, por isso, não recusam como vínculos constringentes, mas que em grande parte podem espontaneamente, "naturalmente" reconhecer como deveres *universais* e não só como o código moral de culturas diversas e contingentes. Os conflitos nascem mais dos critérios de composição dessa medida necessariamente dupla do exercício do poder. Mais concretamente: em cima da extensão do alicerce "não disponível" do bem da vida, em cima do reconhecimento dos sujeitos que nela devem estar incluídos. O direito não pode permitir-se as incertezas que mais facilmente concedemos ao juízo moral, no espaço às vezes amplo que se abre entre aquilo que, para muitos, parece justo fazer e aquilo que todos, ou quase todos, consideram de alguma forma um mal. Por isso há necessidade de definir com muita precisão a quem cabe a última palavra e o que se entende que continua proibido. Articulando de modo também diferenciado o espaço da responsabilidade especificamente moral e, mais em particular, da responsabilidade afeta ao nosso dever de respeito pela vida.

O aborto, como recordei no início, é geralmente consentido. Deixar a última palavra à mulher que espera um filho, todavia, não implica automaticamente indiferença pelo destino do concebido. O Estado, nesse caso, trabalha para remover as causas sociais e econômicas que podem impelir a mãe a interromper a gravidez, e pode, talvez, também propor-lhe uma reflexão, uma "consulta" orientada tanto para evitar no futuro outras gravidezes indesejadas, quanto a avaliar com atenção todas as razões que poderiam, enfim, fazê-la aceitar a gravidez já em curso. Uma indicação de preferência pela vida não é incompatível com uma norma que leva em conta que ninguém pode vir ao mundo se uma mulher não o acolhe em seu seio, e com a qual, assume-se como uma prioridade política e de justiça a eliminação da clandestinidade e a salvaguarda de sua saúde. Para fazer isso, obviamente, é necessário que a escolha do aborto não seja uma questão puramente privada. A introdução da assim chamada "pílula abortiva" (Ru 486) será então um ato devido se simplesmente tratar-se de substituir um ato cirúrgico por um tratamento farmacológico. Muda, ao contrário, o significado de uma lei como a italiana, que estabelece um preciso dever do Estado desde o primeiro momento, se é entendida como um instrumento para "neutralizar" o seu papel, deixando que só a mulher decida e coloque em ação a sua vontade (com os riscos, além de tudo, que essa solidão comporta).

No fim da vida pode ser ainda mais difícil definir o limite da biopolítica e do biodireito. Violar a proibição hipocrática de matar comporta não o alívio, mas a sobrecarga invasiva da lei. A escolha de proibir a última palavra a quem sofre resulta em problemas diversos. Não lhe deixaria a certeza de que será satisfeito quando pedir que o deixem ir. Compromete, poder-se-ia acrescentar, o pré-requesito da espontânea autocompreensão da liberdade a partir do corpo como natureza indisponível à vontade e às mãos de outros. Sem exceções caso a finalidade seja o bem. A intervenção cirúrgica em um embrião ou um feto é lícita enquanto – em se tratando de evitar um mal – se antecipa o seu consenso. Se existem igualmente esses bons motivos e, todavia, o paciente é uma pessoa adulta que estando em condição de fazê-lo, opõe uma recusa consciente, deverá ser levado em conta que a inviolabilidade da liberdade pessoal é a inviolabilidade do corpo: para o Estado, para o médico, por fim, para os próprios familiares. Aqui se firma a força da lei. Respeita o seu limite, porque ser paciente, não pode significar dever sofrer *passivamente* as consequências de uma última palavra que não é a própria. Mesmo quando se refere a um tratamento salva-vidas, porque o critério, ao menos nesse caso, é bom que continue o da liberdade, até para errar. A teimosia terapêutica não cabe aqui. E o seu limite, aliás, não se define por lei.

Não surpreende que sobre o fundamento dessas considerações, em muitos países se continue a optar pela proibição da eutanásia ativa, orientando-se, entretanto, para o reconhecimento de um direito pleno à recusa dos tratamentos (medicações). Um direito que colocará, com maior razão, um desafio moral e de capacidade de relação. Assim é entendido no parecer votado quase por unanimidade pelo Comitê nacional de bioética italiano, em outubro de 2008, sobre *Recusa e renúncia consciente ao tratamento sanitário na relação paciente-médico*. A recusa e a renúncia são respeitadas, mas não acriticamente, passivamente "registradas". O que significa que, quando se está longe daquela que pode ser julgada, também segundo a boa prática médica, uma obstinação irracional, quando se trata de intervenções cuja omissão levará certamente a uma morte que, de outro modo, não seria iminente, deverá ser feito o possível para fazer que esta continue sendo "uma hipótese extrema", que o paciente aceite os "cuidados necessários à sua sobrevivência". De qualquer forma, se tratará, porém, de um acompanhamento sem coerção, mesmo quando um paciente em condições de total dependência tenha necessidade para recusar os cuidados já iniciados (por exemplo, à respiração mantida artificialmente), de que alguém desligue o interruptor para ele. O médico poderá abster-se, mas outro poderá assumir o seu lugar.

Tudo isso não é suficiente para evitar os conflitos. E não pode ser suficiente exatamente porque a diferença entre o direito e a moral joga em cima dos princípios desta última, que são os mais importantes para as pessoas e que, por isso, as impelem a "reivindicar" mais. A tutela da vida que está para nascer, que deixa a decisão final para a mulher, continuará a ser muito pouco para alguns e demais para outros, que veem de alguma forma nessa presença do Estado, uma invasão inaceitável e uma implícita culpabilização da escolha de abortar. Analogamente, o bem da vida, para alguns, e o bem da liberdade de decidir sobre a própria vida, para outros, serão muito importantes para aceitar que uma pessoa se deixe morrer ou, vice-versa, que não consiga ser ajudada a fazê-lo. Continua difícil desfazer esse nó.

DÉCIMA PRIMEIRA TESE

As leis de todos

>As leis do direito proíbem, obrigam, consentem. Quando elas condicionam a maneira como expressamos e realizamos o significado profundo que atribuímos ao nosso existir, pode acontecer que o exercício de uma liberdade, irrenunciável para alguns, contradiga os princípios que para outros valham como inegociáveis. A margem de compatibilidade entre essas diversas exigências, que, contudo, tende a estreitar-se, continua um valor a ser promovido. Quando se torna inevitável tomar uma posição, é preciso não esquecer que uma democracia está viva na vontade da maioria, que deve obviamente ser respeitada, mas também está viva na paixão de todos aqueles que continuam a desafiá-la. Com bons argumentos e comportamentos confiáveis.

O direito ocupa-se, e não pode não se ocupar, do começo e do fim da vida. A moral, quando interroga-se sobre o que é devido aos homens como tais e à sua dignidade, atinge inevitavelmente as extremidades mais remotas da liberdade e, dessa borda imprecisa, tenta tornar-se mais clara a si mesma. E coloca-se, como o direito, diante de *todos*, sem a preocupação de vincular suas normas à garantia de um poder e de uma força, mas somente como convite às consciências.

Tem sentido, portanto, afirmar que pelo menos no contexto atual, a universalidade do direito, perante a qual todos são iguais, está na realidade sempre situada nos limites do exercício daquele poder e daquela força (tipicamente, mas não só, os limites dos Estados), enquanto a moral inclui a humanidade sem limites.

Não tem sentido, ao menos nesse caso, iludir-se com resolver o problema da relação entre o direito e a moral atribuindo ao primeiro, o espaço *público* dentro do qual ninguém pode fugir de obrigações e proibições, senão incorrendo no "rigor" da lei (polícia, juízes, prisões), e, à segunda, o espaço *privado* no qual cada um pode fazer aquilo que quer, com a única e eventual sanção da censura e da exortação. Não porque a distinção não seja importante, mas porque só nos pode ajudar até certo ponto.

A vida enquanto bem é o pressuposto da liberdade, e o cuidado por ela é o pressuposto da relação sobre a qual se constrói o direito. Por isso, como vimos, as constituições ocupam-se dela nas suas *primeiras* partes, ali onde o iluminismo havia nos educado a pensar na natureza, no simples ter *nascido* como homens, para justificar a afirmação de se tratar dos princípios dos quais derivar, segundo justiça, todas as leis. Por esse motivo, é abstrata a exigência de que o legislador seja "neutro" quando ocupa-se do biodireito e não cometa afronta à consciência de ninguém. Suas decisões incluirão sempre, mesmo sem explicitá-la, uma avaliação daquilo que *deve* ao menos prevalecer, ou, literalmente, valer "mais", a fim de que princípios moralmente densos, como os do respeito pela vida, da integridade do corpo, da dignidade, sejam respeitados. Se isso não vem à tona, é simplesmente porque a moral sobre o fundo da lei é uma moral (ainda) dividida.

No momento que esse chão comum estremece, o direito neutro presumido acabará sendo sempre um direito de parte. O conflito é sobre o estatuto do embrião, dada à premissa, que continua compartilhada, do direto inviolável à vida de todo ser humano. Permitir o aborto nas estruturas do serviço de saúde pública não significa apenas deixar cada um livre de fazer ou não fazer, mas restringir a tutela daquela inviolabilidade. E, portanto, fazer prevalecer, em última análise, as razões de uma das partes em conflito. Permitir a eutanásia significa ampliar as exceções à proibição de matar, desde sempre objeto de grandes preocupações morais: a vida do criminoso a ser justiçado, o inimigo em guerra e assim por diante.

Por outro lado, – já o vimos – para o direito é difícil aceitar que o único limite de suas leis seja a autodeterminação. O limite do dever de "parar" diante da vida infiltra-se de várias formas e colocando limites diversos até para as normas à primeira vista mais permissivas. Parece difícil evitar a bela indicação de Giuseppe Capograssi de "reintegrar as finalidades da vida no direito e, o direito, nas finalidades da vida". Que possa não ser essa, em alguns casos, a preocupação que prevalece no fim depende talvez da natureza do direito, assim como o entendia Kant, segundo a liberdade dos modernos: o eixo de referência essencial de suas regras é a relação entre sujeitos que estão reciprocamente em condição de assumir deveres e reivindicar direitos, ou seja, os sujeitos responsáveis porque capazes de autodeterminar-se. Os parlamentos, assim, não fazem mais leis "em nome de Deus", que não é um de nós. E a voz claramente audível daqueles que certamente são como nós, a escutamos muito. Na bioética e no biodireito, uma vez ainda, existe um profundo significado dessa voz e, por isso, existem limites da liberdade. Nela existem também significado e limites do nosso estar juntos, regulado por leis às quais todos devemos obedecer. As contraposições sobre esses temas podem tornar-se mais desestabilizadora do que conflitos de interesse para a experiência de coesão, sobre a qual rege-se o consenso em vista de uma organização e das suas instituições. É inevitável que criem, para dizê-lo como Engelhardt, verdadeiros *estranhos morais*?

1. *O patriotismo constitucional*

Em torno dessa expressão, concentrou-se, a partir dos anos oitenta do século passado, o esforço de restituir à participação política, o sentimento ardente de uma paixão, sem enraizá-la nas identidades "excludentes" de uma tradição, de uma etnia, de uma religião. Para Hegel, na primeira metade do século XIX, o patriotismo era o sentimento político fundamental, sustentado pela partilha cotidiana do interesse próprio com o interesse dos outros, e guardado na arquitetura racional do Estado, sinal e garantia de tal identidade. Uma lealdade que não se pode ganhar hoje, senão, sobre outro pressuposto: os princípios universais da democracia e a cultura dos diretos do homem como instrumento de integração dos diversos valores e estilos de vida. Essa integração, entretanto, é mais difícil ou totalmente destinada à falência se exatamente o vínculo "constitucional" não é sentido pelo menos em parte como um vínculo a valores, além de um processo de formação e de assentamento do consenso. As controvérsias bioéticas, com sua radicalidade, enfraquecem esse pressuposto e por isso parecem tão lacerantes. *Seriam* necessárias respostas compartilhadas. Mas o esforço, ao final das contas, demonstra-se vão. Ou no mínimo em condição de dar soluções que funcionam sempre só *até certo ponto*.

Já indiquei qual seja a estrada mais comumente seguida: o direito fixa regras e não pode fazê-lo sem ambiguidades, mas não encerra o confronto sobre princípios. "Equilibra" os princípios em caso de conflito e, justamente para chegar a uma regra, pode estabelecer uma prioridade, como acontece de costume entre o princípio de autodeterminação e o do respeito pela vida. Pode também articular a prioridade de acordo com as situações: a autodeterminação prevalece, mas só até certo momento da gravidez, quando se decide sobre a vida de um feto; prevalece quando se pede para ser deixado morrer, mas não quando se pede para ser morto quando a vida acaba. Sabe-se que o conflito entre os princípios, enquanto tipicamente de natureza moral e, portanto, refratário ao critério resolutivo da medida exata do valor, em geral e sobretudo nas situações no limite, onde mais facilmente nos encontramos diante de exceções, não é supresso dessa forma. Busca-se, porém, definir os limites entre os quais poderá continuar e também manter seu caráter fortemente dialético e polarizador. Mas esse equilíbrio será percebido tanto mais insatisfatório quanto mais o valor e o princípio, que de alguma forma venham a ser subordinados no balanço, forem considerados não "privatizáveis: quanto mais se supõe que sejam determinantes para o bem comum e não apenas para o bem da própria consciência. Ou, ao contrário, porque se pensa que à perspectiva concorrente tenha sido sacrificada uma parte muito grande da própria liberdade. O balanceamento, então, não basta. Sempre se desejará, como já disse, qualquer coisa a mais.

Os outros processos de contenção inclusiva do conflito vão de encontro a objeções análogas. Pode-se entender o julgamento em um tribunal, de acordo com o que acontece tradicionalmente nos países de *common law*, como um momento de ligação entre o universal da lei e a situação particular, além e às vezes mais que como automático assumir a situação particular em um caso bem definido. Alargar as margens de flexibilidade na aplicação da lei pode permitir de se manter firme o princípio até mesmo em sua forma mais exigente: não se transforma em direito qualquer coisa que provavelmente é um bem se via de regra não seja concedido e, todavia, essa proibição não se torna um círculo de indiferença ao redor do drama de uma pessoa, porque em *seu* caso se poderá fazer justiça com sabedoria e humanidade. Uma sociedade não é cruel se não permite, sob nenhuma condição, *fazer* morrer, e os casos extremos são tais justamente porque continuam a exceção sobre a qual não se podem testar a legitimidade e a aplicabilidade de uma norma jurídica. Esta última pode, no entanto, continuar a reconhecer seu limite por meio de instrumentos, como a concessão das atenuantes por motivos exatamente de "particular valor moral", como faz o código penal italiano, até para efeitos substancialmente equivalentes à despenalização. A objeção é previsível: continua o malogrado reconhecimento de um direito que se quer poder exercer sempre e não apenas remetendo-se ao bom coração de um juiz. Outra hipótese é a de tentar aprovar as leis sobre matérias bioéticas, como se fez de fato em alguns países, excluindo aquelas práticas que os segmentos culturalmente mais significativos da sociedade julgam absolutamente inaceitáveis. Assegura-se, assim, um amplo consenso, mas também aqui ao preço de normas decididamente mais restritivas. Todo o processo está, pois, exposto ao risco de um curto-circuito no momento em que a condição do reconhecimento final de legitimidade depende, para alguns, da inclusão não negociável de liberdade e direitos que outros refutam de forma igualmente intransigente.

2. *A divergência deliberativa*

É honesto admitir que para algumas perguntas é, enfim, inevitável responder com um sim ou um não. Torna-se obrigatório o esforço para conceder à opção que é assim sacrificada o espaço mais amplo possível. E muito pode-se conseguir, nessa direção, com um exercício sincero de boa vontade. Mas até esse exercício tem seus limites. Quem reconhece à vida humana a mesma dignidade em todas as fases de seu desenvolvimento, nunca poderá aceitar o aborto. Muitos outros, até mesmo sem se aventurarem a uma afirmação tão empenhativa, reconhecem de alguma forma um dever de grande respeito, tão grande que faz que seja inaceitável que o Estado, por fim, legitime com suas leis uma ação que não concebem possa ser considerada um direito. Quando se decide sobre uma *outra* vida e não sobre a própria, não basta uma "diretiva ideal" para atuar na medida máxima permitida, se essa medida se reduz, em última análise, à autodeterminação de quem deixa ou não que a vida seja. O paradigma sobre a interrupção voluntária da gravidez permanece provavelmente o paradigma dos conflitos que não podem ser mitigados. Ao procurar oferecer uma solução mais "distinta" que aquela que a lei em vigor acolhe, é fácil, nesses casos, que se perdem consensos e não se conquistam novos. Poder-se-ia pensar, por exemplo, dar um passo à frente onde as leis já comprometem o Estado a utilizar da melhor maneira possível, os instrumentos dos quais dispõe para remover as causas que impelem uma mulher a abortar. Quando esses instrumentos não são eficazes, o Estado, mesmo continuando a considerar que a violência para obrigá-la a ter o filho que não quer, além de ter a eficácia muito duvidosa, inaceitável, deveria limitar-se a garantir que o aborto seja feito em estruturas rigorosamente controladas do ponto de vista dos padrões de segurança, sem nem considerar custos envolvidos. É fácil prever que só a enunciação de uma hipótese desse gênero, mais que contribuir para aplacá--las, desencadearia as mais ferozes polêmicas, e pouco ajudaria a garantia da cobertura daqueles custos nos casos em que uma condição de dificuldade econômica correria o risco de reabrir uma passagem para a prática do aborto clandestino. Enquanto boa parte dos que sustentam o direito à vida do nascituro continuaria a pensar que a única lei capaz aqui de respeitar a dignidade do homem é a proibição.

Se essas situações não se desbloqueiam (e até quando não se desbloqueiem), é inevitável, mas também óbvio em um sistema democrático, que se recorra à norma da maioria. As leis que são respeitadas por todos devem de alguma forma estabelecer o que vem *primeiro*: a autodeterminação, a pesquisa científica e o direito à tutela da saúde, a qualidade de vida daquele que nascerá, o dever de tratar "como uma pessoa" o ser que começa o seu caminho na existência. Por isso são tão importantes os modos, os espaços e o estilo *públicos* através dos quais se chega a essas escolhas: é a partilha que permanece, quando não é possível ir além juntos, e que de alguma forma deixa aberta a possibilidade de se chegar a se compreender melhor. Sem prepotência por parte de quem vê os próprios valores substancialmente reconhecidos e tutelados. Sem frustração por parte de quem sofre a desilusão porque aquilo que se quereria não existe.

A democracia não é apenas um método de legitimação das decisões: valem aquelas que conseguem mais votos, em uma luta pacífica na qual, todos contam por um e ninguém conta mais que um. Estamos acostumados a pensar que a *forma* da democracia tenha sentido em vista da sua *substância* e a partir dela. Não é de fato só formal a democracia na qual, no momento do voto, não correspondem uma votação crítica e consciente e a garantia dos instrumentos que a tornam possível, como a educação e a livre disponibilidade dos meios de comunicação, além da liberdade de pensamento e de expressão? Não nos parece contraditória a ideia de uma democracia sem justiça, que não assegura a todos os bens básicos indispensáveis: um salário suficiente para se manter e manter a própria família e o cuidado pela saúde? A democracia inclui uma premissa sobre a natureza do homem e uma política em sentido estrito. A primeira é o núcleo de toda teoria dos direitos: é o princípio de igualdade e de igual dignidade de todos os seres humanos, que não por acaso encontramos no centro da reflexão bioética. A segunda é que a promoção da liberdade do indivíduo e de sua autodeterminação não ocupa por inteiro o campo da *res publica*, porque depende, por sua vez, de um pressuposto de "patriotismo" também moral, que é um bem que certamente se pode dilapidar, mas não de maneira indolor. O reconhecimento dos direitos invioláveis do homem requer o cumprimento de inalienáveis deveres de solidariedade: política, econômica e social. Também por isso, como sustentam os autores que tornaram popular o modelo da assim chamada "democracia deliberativa", o voto que *fixa* a decisão remete ao *processo* que a preparou e por meio do qual se mantém o vínculo da prática discursiva, o costume do livre confronto entre todas as opiniões que possam contribuir para uma vontade que ao menos nas intenções possa ser de todos, mesmo quando, entre o sim e o não, o espaço da interpretação acaba por fechar-se, tornando-se então necessário assumir uma posição. São o vínculo e o costume que ajudam a realizar a economia do conflito moral restringindo-o àquilo que deveras existe de incompatível entre as teses em campo, e pedem para não considerar nunca definitivas as conclusões, nunca seja escrita uma norma que valha para sempre.

Não é uma atitude edificante e que nem mesmo compromete de maneira vaga. É uma atitude de respeito e de desafio. De respeito, porque o direito de uma ordem democrática, mesmo quando devolve "parte" e divide, é a lei que *todos* devem respeitar, pois todos participaram *igualmente* ao traçar o limite daquilo que para a lei continua indiferente, daquilo que a lei permite e promove, e daquilo, enfim, que se quer que ela persiga com a severidade que merece o que se considera absolutamente intolerável. Mas também de desafio. Não se deve parar de produzir novos argumentos e de buscar, com eles, mais que com a firme serenidade de comportamentos credíveis, distender o *consenso* ao redor dos próprios valores. Tanto mais quando a aposta é a dos princípios fundamentais, das questões de justiça que são a base de todo outro respeito e solidariedade. A *divergência* das boas razões, em democracia, é uma virtude.

Esta obra foi composta em Sistema CTcP
Capa: Supremo 250g – Miolo: Pólen Soft 80g
Impressão e acabamento
Gráfica e Editora Santuário